Kurt Glaser
Georges Rodenbach.
Die Dichter des toten Brügge

SEVERUS Verlag

Glaser, Kurt: Die Dichter des toten Brügge. 2018
Neuauflage der Ausgabe von 1917
ISBN: 978-3-95801-599-9

Umschlaggestaltung: Annelie Lamers, SEVERUS Verlag
Umschlagmotiv: www.pixabay.com

Bibliografische Information der Deutschen Nationalbibliothek: Die Deutsche Nationalbibliothek verzeichnet diese Publikation in der Deutschen Nationalbibliografie; detaillierte bibliografische Daten sind im Internet über https://dnb.de abrufbar.

Der SEVERUS Verlag ist ein Imprint der Bedey & Thoms Media GmbH,
Hermannstal 119k, 22119 Hamburg

SEVERUS Verlag, 2018
http://www.severus-verlag.de
Gedruckt in Deutschland
Der SEVERUS Verlag übernimmt keine juristische Verantwortung oder irgendeine Haftung für evtl. fehlerhafte Angaben und deren Folgen

Kurt Glaser

Georges Rodenbach
Die Dichter des toten Brügge

*Dem Andenken meiner lieben Mutter in Erinnerung
an die Tage in Brügge Juli 1909.*

Inhalt

Vorwort

Auf den folgenden Blättern habe ich eine Reihe von Vorträgen, welche ich Ostern 1914 bei verschiedenen Anlässen vor einem Kreis belgischer Zuhörer in Lüttich in französischer Sprache gehalten habe, in erweiterter deutscher Umarbeitung zu einer einheitlichen Rodenbachstudie zusammengestellt. Ihr Zweck soll es sein, das Werk eines Symbolisten, an dem die Literaturgeschichte bisher zu rasch vorübergegangen ist, weiteren Kreisen zu schildern. Es ist an der Zeit, hier Wandel zu schaffen. Denn schon beginnt der weichste und eigenartigste Melancholiker der neuesten französischen Literatur einer völligen Missachtung oder einer auf unzulänglicher Kenntnis seiner Werke beruhenden Geringschätzung anheimzufallen. Das erstere ist neuerdings wieder der Fall bei Adolf Birch-Hirschfeld, der auch in der 2. Auflage seiner „Geschichte der französischen Literatur" (Leipzig und Wien 1913) Rodenbach mit keinem Wort erwähnt, das letztere bei Albert Heumann, der in seiner Schrift „Le mouvement littéraire beige d'expression française depuis 1880" (Paris 1913) eigentlich nur Schiefes und Ungünstiges über ihn zu berichten weiß. Viel besser zeigen sich unterrichtet Otto Hauser in seiner „Weltgeschichte der Literatur" I (Leipzig und Wien 1910) und Alphonse Séché, „Les caractères de la poésie contemporaine" (Paris 1913). Auch Rodenbachs trefflicher Übersetzer Friedrich von Oppeln-Bronikowski, der seine dichterische Art mit großer Feinheit erfasst und dargestellt hat, ist nicht überall von Irrtümern freizusprechen. Seitdem vor nunmehr achtzehn Jahren Rodenbachs Freunde, unter dem frischen Eindruck seines frühen Todes, in liebevollen

5

Nachrufen sein Bild der Nachwelt übermittelt, hat seine dichterische und schriftstellerische Tätigkeit keine wirklich beachtenswerte Würdigung mehr gefunden. Was bisher an zumeist recht flüchtigen Skizzen erschienen ist, hat jetzt André Barre, „Bibliographie de la poésie symboliste" (Paris 1911). S. 204 ff. mit ziemlicher Vollständigkeit zusammengestellt. Selbst die Stadt, deren Dichter Rodenbach gewesen ist, Brügge, hat nichts getan, um ihre Dankesschuld abzutragen. Der Versuch, sein Andenken durch ein Denkmal zu ehren, ist an kleinlichen Erwägungen gescheitert, die aus dem Gegensatz französischen und flandrischen Volkstums geflossen sind.

Zu meinen Vorträgen, die einem belgischen Zuhörerkreis galten, wie zu der vorliegenden Verarbeitung, welche sich an deutsche Leser wendet, bin ich durch die vielfachen Anregungen veranlasst worden, die ich durch meine persönlichen Berührungen mit dem Kreis der symbolistischen Dichter in Belgien und Frankreich empfangen habe. Mit besonderem Dank muss ich erwähnen, dass es mir noch vor Abschluss meiner Arbeit vergönnt gewesen ist, mit dem besten Kenner Rodenbachscher Seele und Kunst, Emile Verhaeren, meine Gedanken auszutauschen. Auch sonst habe ich mich mehrfach des Rates derer zu erfreuen gehabt, die Rodenbach im Leben nahegestanden haben. Vor allem fühle ich mich Herrn Felix Rodenbach, „receveur honoraire de l'enregistrement et des domaines" zu Brügge, zu Dank verpflichtet.

Das Schicksal der Bücher hat es gewollt, dass diese Studie, die einem so friedlichen Gegenstand gewidmet ist, inmitten des leidenschaftlichsten Völkerringens erscheint. Sie lag in genau derselben Gestalt, in der sie heute vor die Öffentlichkeit tritt, schon im Sommer 1914 fertig vor, aber der Ausbruch des Weltkriegs hat ihr Erscheinen bis zu dem gegenwärtigen Zeitpunkt hinausgeschoben. Inzwischen hat die französische Literatur Flanderns durch Albert Köster, „Die belgische Literatur der Neuzeit" („Internationale Monatsschrift" 10. S.

6

1157-1190) und Hanns Heiß, „Der vlämische Anteil an der französischen Literatur" („Internationale Monatsschrift" 11. S. 287-338) eine neue, in das Licht des Weltkriegs gerückte Darstellung erfahren. Den großzügigen orientierenden Skizzen beider möge sich die vorliegende (ältere), in engeren Grenzen gehaltene Studie anreihen in der Hoffnung, eine auch jetzt noch gebliebene Lücke in ihrer Weise auszufüllen.

30. Juli 1914. - 23. Februar 1917.

I.

Der französische Symbolismus ist die Resultante von Kräften, die von zwei verschiedenen Punkten aus die literarische Bewegung Frankreichs in den letzten drei Jahrzehnten in mächtige Schwingung versetzt haben. Neben dem zentralen, das ganze geistige Leben des französischen Volks, selbst über die Grenzen der Republik hinaus, beherrschenden Einfluss von Paris macht sich von der Peripherie des französischen Sprachgebiets her die Einwirkung eines Kreises von Dichtern geltend, die in dem belgischen Flandern ihre Heimat haben und mit der Liebe zu ihrem engeren Vaterland eine unverhohlene Sympathie für Frankreich verbinden.

Es wäre verkehrt, wenn man die französische Literatur Belgiens als eine bloße Weiterentwicklung französischer Anregungen definieren wollte, nur deshalb, weil sich ihre Vertreter der französischen Sprache bedient, zumeist Paris zu ihrer zweiten Heimat gemacht und ihre Sympathie für Volk und Staat in Frankreich laut und aufdringlich ausposaunt haben. Eine solche Auffassung, die von Pariser Literarhistorikern und Kritikern wiederholt vorgetragen worden ist und letzthin wieder Heumann in seiner orientierenden Skizze über das französische Schrifttum Belgiens zu manch bedenklichem Trugschluss verleitet hat, wird dem wahren Wesen des Problems nicht gerecht; in nationalem Vorurteil befangen, verkennen die Verfechter dieser Ansicht vollständig, dass es belgische Dichter waren, welche unter Führung Verhaerens die auf Abwege geratene Kunst Baudelaires, Mallarmes und Verlaines gerettet und den Symbolismus einem neuen selbständigen Leben entgegengeführt haben.

Naturgemäß war diese Erneuerung symbolistischer Kunst nur dadurch möglich, dass jene flandrischen Dichter frische Kräfte aus Quellen schöpften, die den Franzosen verschlossen geblieben waren. Sie fanden sie in dem heimischen Volkstum, in dem noch ein starker Rest germanischer Kraft und Ursprünglichkeit fortlebt. Die Meister der flandrischen Heimatkunst auf dem Gebiet des Romans, Charles de Coster und Camille Lemonnier, waren hier ihre Lehrer gewesen. Ihnen verdankt die jüngere Generation nicht weniger als den führenden Lyrikern des französischen Symbolismus. Durch die Liebe zur Heimat und ihrem Völkchen sind sie alle einmal hindurchgegangen, sofern sie nicht überhaupt von ihr ausgegangen sind. Über solche in der literarischen Tradition liegende Anregungen griffen die Jüngeren aber bald hinaus, indem sie aus ihrem eigenen Inneren schöpften und ihre seelischen Regungen und Kämpfe zum Stoff ihres poetischen Schaffens erhoben. Vergleicht man die flandrischen Dichter – Verhaeren ist hier typisch, weil er urwüchsiger und genialer ist als andere – mit der früheren oder gleichzeitigen Lyrik Frankreichs, so kann man sich nicht des Eindrucks erwehren, dass in ihnen ein Stück erdgeborener Kunst nach harmonischer Vereinigung ringt mit dem immer machtvoller durchbrechenden Drang, aus den Tiefen des eigenen Wesens zu schöpfen, das seinerseits wieder stark durch die Zugehörigkeit zu dem flandrischen Volkstum mitbestimmt wird. In dem Maße, wie sich die dichterische Arbeit nach Form und Inhalt klärt, steigert sich dieses Ringen immer offensichtlicher zu dem – freilich nicht von allen gleichmäßig erkannten, von manchen sogar fast mutwillig verkannten – Bestreben, in der Verschmelzung der französischen Formgebung mit deutscher Kraft und Innerlichkeit die Vollendung dichterischer Kunst zu erreichen.

Es ist gewiss kein Zufall, dass Elskamp, Van Lerberghe, Maeterlinck, Grégoire Le Roy, Huysmans, Verhaeren, Jammes, Mockel und mit ihnen noch andere nah oder fern germanischer Abkunft sind oder, wie etwa Henri de Regnier, germanischen Typus zeigen.

Auch Georges Rodenbach gehört zu ihnen, auch er in seiner ganzen Erscheinung ein Germane[1], auch er ein Sprössling einer ursprünglich deutschen Familie.[2]

Ende des 18. Jahrhunderts waren die Rodenbachs aus Deutschland in dem damals österreichischen Belgien eingewandert. Roulers in Flandern wurde ihnen eine zweite Heimat. Hier hatte sich Ferdinand Rodenbach niedergelassen. Er war als Militärarzt in österreichischen Diensten nach Belgien gekommen und dann nach der Besitznahme des Landes durch die Franzosen dort wohnen geblieben. Vier seiner Enkel haben sich in der Geschichte Belgiens einen Namen gemacht. Alle vier haben an dem Befreiungskampf gegen die holländische Herrschaft hervorragenden Anteil genommen. Ferdinand, der älteste der Brüder, war zuletzt „commissaire de district" zu Roulers und dann zu Ypern, wo er im Jahre 1841 gestorben ist. Alexandre, „l'aveugle Rodenbach", ist trotz seiner Blindheit wiederholt als Schriftsteller hervorgetreten und hat sich als Deputierter und Bürgermeister der Gemeinde Rumbeke-Iez-Roulers hervorgetan. Constantin, der mit einer Großnichte Wielands vermählt war, war seiner Zeit als gelehrter Mediziner bekannt und hat sich als Gesandter des neuen Königreichs Belgien in Bern und Athen in schwieriger Zeit große Verdienste um sein Vaterland erworben. Sein um, drei Jahre jüngerer Bruder Pedro

---

1   Vgl. auch Adolphe Brisson, „La comédie littéraire. Notes et impressions de littérature". Paris 1895, S. 79.

2   Das Folgende nach den „Biographies de Constantin, Pedro, Alexandre, Albert, Georges et Félix Rodenbach comme hommes politiques ou ecrivains" (Société anonyme brugeoise d'imprimerie et de publicité, s. d.). Vgl. auch Pierre Maes, „La famille de Georgesc Rodenbach" in: „Mercure de France", 1914, S.301-319.

(Pierre) machte in der Armee Napoleons den Feldzug nach Russland mit, kämpfte nach dem Sturze des Kaisers in holländischen Diensten bei Waterloo, schied aber dann aus dem Heere aus, um wie seine Brüder für die Befreiung des Landes von Holland einzutreten.

Constantins Sohn, der gleichfalls Constantin hieß, ist der Vater unseres Dichters. Er war zuerst in dem Ministerium des Innern angestellt, bis er das Amt eines „vérificateur des poids et mesures" erhielt, das er in Ypern, Tournai und Gent bekleidete. Auch er war schriftstellerisch tätig. Neben beruflichen Studien verdanken wir ihm treffliche Skizzen belletristischen Charakters[3].

Wohl der begabteste aus der weitverzweigten Familie der Rodenbachs ist Georges' Vetter, Albert Rodenbach, gewesen, der schon im jugendlichen Alter von 24 Jahren als Student der Rechte in Löwen verstorben ist (1880). Sein Trauerspiel „Gudrun" gehört unbestreitbar zu den besten Leistungen der neueren flämischen Literatur und sichert seinem Verfasser einen dauernden Platz in der Weltliteratur[4].

Während Albert Rodenbach seine Dichtung in den Dienst des Flamentums gestellt hat, ist Georges in Sprache und Gesinnung ganz zum Franzosen geworden. Der fanatische Eifer der „Flamingants" hat ihm diesen „Verrat" noch bis heute nicht verziehen.

Am 16. Juli 1855 in Tournai geboren, verlebte Georges Rodenbach seine Jugend in Gent, wohin der Vater zu dauerndem Aufenthalt übergesiedelt war. An das Elternhaus in Gent knüpfen sich ihm die Erinnerungen an eine glückliche Jugend, die ihn nachmals zu der ersten seiner bleibenden

---

3   F. v. Oppeln-Bronikowski macht ihn zu einem „angesehenen Ägyptologen" und meint, dass der Sohn von ihm die Gabe geerbt habe, „die rätselhafte Bilderschrift des Lebens zu entziffern, geheime Analogien zu entdecken und seltsame Symbole zu schaffen" („Im Zwielicht", Dresden 1905. Vorrede).

4   Vgl. neuerdings O. Hauser, „Weltgeschichte der Literatur" II (1910) S. 129.

Leistungen, zu den trefflichen Versen seiner „Jeunesse Blanche" begeistern sollten. Schon früh erwachte in ihm die Neigung zur Poesie. Bereits auf der Schule waren die Romantiker, besonders Lamartine, seine Lieblingsdichter. In der „Jeunesse Blanche" widmete er ihm herrliche Verse[5], und noch, als der bereits zum selbstbewussten Dichter Gereifte zur Feder griff, um seinen feinsinnigen Essai über Lamartine zu schreiben, leitete er seine Ausführungen mit dem Satz ein: „Lamartine! ah! le doux nom! et quel coup d'archet sur nos souvenirs! N'est-ce pas lui, quand nous le lisions à quinze ans, au collège, qui nous fut la première révélation de la Poésie?"[6] Der damalige Unterrichtsbetrieb auf dem von Jesuiten geleiteten Collège Sainte-Barbe, das Rodenbach mit dem gleichalterigen Verhaeren besuchte, war freilich der Pflege dieser Neigung nicht günstig, umso mehr ging er ihr in stiller eigener Arbeit nach. Er liebte es schon damals, sich ganz seinen Träumereien hinzugeben und die umgebenden Dinge auf sein empfängliches Gemüt wirken zu lassen. In jenen Jahren reifenden Werdens führte ihn ein vorübergehender, sich mehrfach wiederholender Aufenthalt bei Verwandten nach Brügge. An der Place des Biscayens, nahe dem Quai du miroir, steht noch das Haus, in dem er ein- und ausgegangen ist. Die einst so mächtige, jetzt verlassen daliegende Stadt mit ihren hochragenden Türmen, ihren altertümlichen Häusern, ihren verwaisten Kanälen, ihren frommen Klöstern, ihren schattenhaft dahinschleichenden Priestern und Beginen hat einen bleibenden Eindruck auf sein empfängliches Gemüt ausgeübt und die Richtung und Art seines literarischen Werkes wesentlich mitbestimmt. Aus seiner eigenen Erfahrung hat· Rodenbach die Wahrheit des Satzes geschöpft, den er nachmals über Anatole France

---

5   „Premiers beaux vers" S. 35, 36.

6   „L'Elite. Ecrivains, orateurs sacrés, peintres, sculpteurs" (1899) S. 131.

13

geschrieben: „Le talent d'un écrivain, quant à la sensibilité et à l'orientation, se fait surtout de ses souvenirs d'enfance. Dès vingt ans, on n'emmagasine plus d'impressions fortes[7]." Durch eine sich früh ausbildende Neigung ist Rodenbach zum Dichter des toten Brügge geworden. Das Bild verfallener Größe, das sich in der alten Stadt verkörpert, hat seiner zu Grübelei und Melancholie neigenden Seele neue Anregungen zugeführt, die recht dem innersten Kern seines Wesens entsprachen. Schon von Natur neigte der leicht kränkelnde Dichter zur Melancholie. Die Erziehung, die er in dem Genter Jesuitenkolleg empfangen, hat diese Anlage nur noch mehr gefestigt. In einer seiner Novellen[8] hat er uns selbst geschildert, wie schon damals seine jugendlichen Gedanken auf den Tod hingelenkt wurden, ehe sie noch das Leben kennengelernt hatten. Die natürliche Anlage verstärkend, tat so auch die Erziehung das Ihrige, um den Hang zur Melancholie zur beherrschenden Richtung seines Wesens zu erheben, die sich allenthalben in seinen Werken wiederspiegelt. Durch seine ganze seelische Disposition war Rodenbach zum Lyriker und Symbolisten geschaffen. Das wird jedem, der seine Werke liest, sofort klar werden, wenn er seine ersten, in parnassischem Geschmack gehaltenen Gedichte mit seinen späteren Poesien vergleicht. Zwischen beiden waltet der Gegensatz, der zwischen äußerlich Erarbeitetem und innerlich Empfundenem zu bestehen pflegt. Die winzige Sammlung seiner Erstlingspoesien, die er im Alter von 22 Jahren (1877) unter dem Titel „Le foyer et les champs" herausgegeben hat, und nicht minder die zwei Jahre darauf veröffentlichten „Tristesses" verraten unverkennbar den Einfluss parnassischer Muster, gerade so wie etwa die um ein paar Jahre jüngeren, trotz aller Neuerungsbestrebungen

---

7   „L'Elite" S. 168.

8   „Au college" in: „Le Rouet des brumes" (1901) S.199-210.

doch noch stark formkünstlerisch gehaltenen Erstlingsgedichte „Les Syrtes" von Moréas. Der Hang zur Melancholie, der bereits in „Le foyer et les champs" und in den „Tristesses" in deutlichen Anzeichen durchblickt, ist nicht frei von Geziertheit. Noch hat sich der Dichter zu wenig von dem Zwang parnassischer Äußerlichkeiten freigemacht; noch vermag er es nicht, seinem Seelenleben einen natürlichen Ausdruck zu verleihen. Unter dem gleichen Mangel leiden auch seine weiteren Gedichtsammlungen „La mer élégante" (1881) und „L'hiver mondain" (1884). Beide sind in den Jahren entstanden, da sich Rodenbach dem Kreis der belgischen Literaten angeschlossen hatte, der Iwan Gilkin, Albert Giraud, Théodore Hannon, Max Waller und Emile Verhaeren umfasste und unter dem Namen der „Jeune Belgique" eine Erneuerung der Poesie in Leconte de Lisles Geiste erstrebte. In sichtlichem Bemühen sucht Rodenbach in jenen beiden Gedichtsammlungen seine melancholische Grundstimmung künstlich zurückzudrängen und in schlecht verhüllter weltmännischer Affektiererei sein persönliches Gefühlsleben mit parnassischer Formgebung zu durchdringen.

Die erste wirklich bleibende Leistung Rodenbachs haben wir in der „Jeunesse Blanche" (1886) vor uns. Zum ersten Mal hat sich hier seine Poesie zum Ausdruck tief innerlicher Empfindungen und Stimmungen durchgerungen. Die persönliche Note ist zum herrschenden Oberton geworden. Und schon zwei Jahre darauf – Rodenbach war inzwischen endgültig nach Paris übergesiedelt – steht in der Gedichtserie „Du Silence" (1888) der vollendete Symbolist vor uns, der sich ganz seinen Impressionen und Stimmungen hingebende Träumer, während gleichzeitig der Roman „L'Art en exil" (1889) die Reihe der Brüggeromane einleitet, in denen seine eigenartige Romankunst zu ihrer höchsten Vollendung gelangen sollte. Der Symbolismus wurde für Rodenbach zur Erlösung.

Schon gelegentlich eines früheren Aufenthaltes in Paris hatte sich Rodenbach dem „Cercle des Hydropathes"[9] angeschlossen. Manche Anregungen mag er hier in sich aufgenommen haben. Ungleich mehr aber verdankt er den Goncourts, zu denen er damals gleichfalls in nahe Beziehungen getreten war[10]. Ihre Kunst, Eindrücke aufzulesen und zu verarbeiten, wurde ihm für sein eigenes literarisches Schaffen von vorbildlicher und geradezu entscheidender Bedeutung. Von dem tiefgehenden Einfluss, den die Goncourts auf den reifenden, nach einer seinem innersten Wesen adäquaten Form ringenden Dichter ausgeübt haben, legt der prächtige Essai Zeugnis ab, den ihnen Rodenbach, auf der Höhe literarischen Schaffens stehend, nachmals in seiner „Elite" (S. 27-44) gewidmet hat. Mit Anschaulichkeit entwickelt er hier das Wesen ihrer eigenartigen Kunst und hebt klar und scharf das für die Ausbildung des Symbolismus bedeutungsvollste ihrer Verdienste hervor, die Begründung des literarischen Impressionismus: „Ils furent des écrivains impressionnistes, avant même qu'il y eût des peintres impressionnistes"[11].

Aus der Romantik hervorgegangen, das Gefühl zur Stimmung wandelnd, stellt der Symbolismus eine auf der freien Ausgestaltung des schaffenden Talents beruhende Kunstrichtung dar, welche alle Zweige literarischer Betätigung, und selbst die Kritik, umzugestalten und mit neuen Werten zu füllen sucht. Vielé-Griffin hat es allen aus der Seele gesprochen: die Dichtung soll der Ausdruck des Persönlichkeitsgehaltes einer Persönlichkeit („l'individualité d'un individu") sein. Die Verwirklichung dieses Ideals soll auf einem neuen

---

9   Seine Geschichte ist jetzt erzählt worden von André Barre, „Le symbolisme" (Paris, thèse, 1911). S. 68ff.

10   Vgl. auch Ernest Révil, „Georges Rodenbach" („Lettres et arts belges. Collection Diamant". Série littéraire, n° 5. Bruxelles 1909), S. 56.

11   „L'Elite" S.43. Vgl. im übrigen Erich Koehler, „Edmond und Jules de Goncourt, die Begründer des Impressionismus". Leipzig 1912.

Wege gefunden werden. Das „Symbol" wird zur Losung
der neuen Richtullg. Schon von Mallarmé stammt der Satz:
„Tout objet existant n'a de raison que nous le voyons ...
sinon de représenter un de nos états intérieurs: l'ensemble
de traits communs avec notre âme consacre un symbole"[12].
An die Stelle der klaren und unmittelbaren Wiedergabe soll
die traumhafte, halbdunkele Form treten, die durch Symbole, durch Evokationen, selbst durch die klanglichen Mittel
von Wort und Rhythmus das Geheimnisvolle in Ding und
Seele ausdrücken soll. Das menschliche Seelenleben wird in
Analogien und Allegorien gebracht, welche wie unsichtbare
Fäden zwischen dem Inneren und Äußeren hinüber- und
herüberlaufen (Baudelaires „Correspondances") und selbst
das jenseits der Natur Liegende umspannen sollen. Die Poesie wird zum Rang einer Naturkraft erhoben, die das gesamte
Innenleben umfassen und bis in den tiefsten Untergrund der
Dinge der Außenwelt hinein fühlbar werden soll.

Der Dichter soll das Wesen der Dinge und das Innerste des
Menschen offenbaren; er soll dem Anklingen und Verklin-
gen, dem traumhaften Ineinanderfließen von Stimmungen
lauschen und seiner Poesie die Richtung auf das Ungesagte
und Unsagbare geben. Jede Gattung literarischer Produktion,
vornehmlich aber die höchste von allen, die Lyrik, soll sich
der Symbole als der vollkommensten Ausdrucksmittel der
Darstellung bedienen. Alles Literaturschaffen soll auf dem
Wege symbolistischer Deutung vertieft und durchgeistigt
werden.

Der Impressionismus, den die Brüder Goncourt begrün-
det hatten, kam durch die Verinnerlichung, die ihm der
Symbolismus geliehen, zu neuer Bedeutung. Von der sinnen-
fälligen Erfassung impressionistischer Kunst schreitet der
Symbolismus zur seelischen Vertiefung, zur Verschmelzung

---

12   Vgl. Barre, „Le symbolisme" S. 199.

äußerer Eindrücke mit den Vorgängen inneren Lebens fort. Ein nach Originalität haschender Tatendrang treibt seine Wortführer dazu, die Systemlosigkeit, die naturgemäß allem Impressionistischen anhaftet, auch zum Prinzip ihrer eigenen Kunst zu erheben. Gerade der Symbolismus ist auf eine scharfe Ausprägung der Individualitäten gestellt und berufen, die Besonderheit der persönlichen Veranlagung zu begünstigen. Den von außen auf sie einstürmenden tausendfältigen Eindrücken geben sich die Symbolisten hin, um ganz in ihnen zu versinken und bis in die Tiefen des Unterbewussten und Unbewussten hinab in ihren Impressionen unterzutauchen. Mit ihren zarten sensiblen Nerven lauschen sie jedem einzelnen Vorgang, dem flüchtig verfliegenden Wort, dem raschen Blick, der stummen Geste die feinsten und geheimsten Klänge ab. Aus dem Erlebnis heraus suchen sie die Welt zu begreifen, um sie in den Regungen ihres eigenen Innern wiederzufinden.

Die Verjüngung literarischen Schaffens, welche der Symbolismus erstrebt, liegt in einer Richtung, welche in der französischen Literatur zwar nicht mehr neu war[13], aber erst jetzt, nach Hugos Tod, unter dem Einfluss innerer und äußerer Momente machtvoll in die Erscheinung trat. Der Symbolismus geht aus von der bewussten Reaktion gegen die Nüchternheit des Naturalismus und den kalten Formenkult der parnassischen Poesie. Der ersteren wird das Recht des Idealismus, dem letzteren die Wärme menschlichen Gemüts gegenübergestellt. Eine der Wagnerschen Musik abgelauschte Tonfülle soll an die Stelle der pedantischen Wortsetzung parnassischer Sprachkünstelei treten. Andere übertreffend, leistet unter den Lebenden hier Albert Mockel das Beste. Die rein formal schaffende Kunst geschmackvollen

---

13   Vgl. Rodenbach, „La poésie nouvelle. A propos des décadents et symbolistes" (in der „Revue Bleue", 1891, S. 422ff) und zuletzt Barre, „Le symbolisme" S. 24ff.

18

Reimens soll einer Stimmung weckenden, zu den Klängen des menschlichen Inneren stimmenden Harmonie weichen. Bis in die dunkelsten Gefühle hinein soll die Poesie, mit der Musik wetteifernd, den Menschen erschüttern.

In den Tiefen der menschlichen Seele schöpft der Symbolismus die Kräfte, mit denen er die Literatur erneuern will. Auch da, wo er sich nicht zu einer bewussten philosophischen Durchdringung dichterischer Probleme erhebt, wendet er sich gleichsam instinktiv von dem Comteschen Positivismus ab, den die Naturalisten auf den Roman und die Parnassiens auf die Poesie übertragen hatten. War Comtes Philosophie mit ihrer induktiven Methode einseitig auf die äußeren, sichtbaren Erscheinungen gerichtet gewesen und dem inneren Wesen der Dinge, wie überhaupt allem Metaphysischen, mit Vorsatz ferngeblieben, so gründen die Symbolisten ihre Kunst gerade auf die mannigfachen Äußerungen des menschlichen Innenlebens und schöpfen aus der Fülle und Tiefe seelischer Regungen bis hinein in das geheimnisvolle Halbdunkel träumerischen Empfindens. Der Zug zu einer bis in das Unergründliche hinabsteigenden Verinnerlichung, der der ganzen Richtung innewohnt und bei allen ihren Vertretern mit unterschiedlicher Stärke zutage tritt, ist im Grunde ein tief empfundener Hang zur Mystik. In der Extase mystischer Frömmigkeit suchte und fand schon Verlaine das einzige Gegengewicht gegen die starke, sein ganzes Seelenleben zerrüttende Sinnlichkeit. Seine Nachfolger und Nachahmer wollten oder konnten es nicht dem Dichter der „Sagesse" an Ursprünglichkeit und Maßlosigkeit religiöser Leidenschaft gleichtun, aber auch in ihnen lebte ein tief empfundener innerer Drang, der ihr Denken und Glauben bis in die geheimsten Regungen aufwühlte und ihre ganze geistige Richtung festhielt in den Banden der Mystik. Von ihr hat der Symbolismus seinen hervortretendsten Charakterzug – man könnte fast sagen: das wesentlichste Merkmal seiner Methode – übernommen: die intuitive Erfassung seelischer Vorgänge.

Allen diesen sich zu immer größerer Wucht ausbildenden Strebungen steht Rodenbach mit der Abgeklärtheit einer in sich geschlossenen, selbstbewussten Persönlichkeit gegenüber. Er lässt sich von der rasch anwachsenden Flut tragen, ohne willenlos in ihr unterzutauchen. Von der beseeligenden Wirkung einer zu einem zwingenden Schuldogma erhobenen dichterischen Formel hat er sich nie etwas versprochen. „En réalité, il n'y a jamais eu d'école en art. C'est même un signe de médiocrité, cette incorporation dans des groupes littéraires qui, comme ceux de la politique, se font et se défont, au gré des intérêts et des rancunes. Ce sont les moutons qui marchent en troupeaux. Les lions vont seuls … Il faut surtout croire aux individus"[14]. Eine führende Rolle in dem Chor seiner Zeitgenossen zu spielen ist nie sein Ehrgeiz gewesen. Den lärmenden Kundgebungen im symbolistischen Lager ist er zeitlebens ferngeblieben. Die laute Reklame, welche die symbolistische Schule für die Ihrigen zu machen weiß, ist ihm, dem stillen, ganz sich selbst lebenden Träumer darum auch nicht recht zugutegekommen. Die Wortkünsteleien und Sprachexzentrizitäten, in denen sich viele Symbolisten nicht gerade zum Vorteil ihres literarischen Ruhmes verloren haben, hat er nicht mitgemacht. Wie Samain, mit dem ihn so manche Ähnlichkeit verknüpft, hat er sich in seinen Gedichten jeder musikalischen Effekthascherei und jeglicher übertriebenen modischen Verunstaltung der Sprache enthalten und sich solche auch in seinen Prosaschriften nur in bescheidenem Umfang zuschulden kommen lassen; ungestört hat er sich des geschmähten Alexandriners bedient und erst in seiner letzten Gedichtsammlung, „Le miroir du ciel natal", Versuche unternommen, dieses Metrum mit dem seit

---

14   G. Rodenbach, „La poésie nouvelle. A propos des décadents et symbolistes". „Revue Bleue", 1891. S. 422.

Laforgue und Rimbaud viel gepriesenen „vers libre" zu vertauschen[15]. Seinem ernsten, durch tiefgreifende Lebenseindrücke früh ausgebildeten, durch das Bewusstsein unheilbarer Krankheit zu düsterer Melancholie prädestinierten Sinn erschienen solche Äußerlichkeiten nicht als unerlässliche Vorbedingungen für eine Kunst, die in die geheimnisvollsten Regungen der menschlichen Seele eindringen will. „En tout cas, cette question du vers libre est purement accessoire et toute de pratique!"[16]. "C'est que la forme, en vérité, est question toute personnelle, changeante et secondaire"[17]. Mit der ganzen Innerlichkeit, deren seine Natur fähig ist, gibt er sich den Stimmungen hin, welche der Widerhall der äußeren Dinge in seiner Seele auslöst, aber die Richtung, in die er diese Stimmungen leitet, wird in so hohem Maße allein durch die besondere Art seines Wesens bestimmt, dass sie sich in keinem anderen symbolistischen Dichter in einer genau entsprechenden Ausgestaltung wiederfindet. Mit großer Feinheit versteht es Rodenbach, zwischen der Umwelt und seiner eigenen Seele Analogien zu schlingen, seine Gedanken und Gefühle in die ihn umgebenden Dinge hineinzutragen oder sie ihnen in stets vertiefender Betrachtung abzuringen. Die Dinge der Außenwelt beleben sich vor seinen Augen, sie werden die mitfühlenden Zeugen seines Seelenlebens. Ein Vorgang, den er beobachtet, mag er auch noch so unscheinbar sein, findet rasch ein Analogon in seinem Innern, wie andererseits jedem seelischen Prozess ein Vorgang außerhalb des Dichters korrespondiert. „Il y a tout un domaine mystérieux et négligé, limbes des sensations, clair-obscur de la conscience, région équivoque où trempent pour ainsi dire les raci-

---

15   Vgl. auch Barre, „Le symbolisme". S. 261; Verhaeren. „Georges Rodenbach". „Revue Encyclopédique", 1899. S.63.

16   „La poésie nouvelle. A propos des décadents et symbolistes". „Revue Bleue", 1891. S. 429.

17   „L'Elite", S. 53.

nes de l'être. Il s'y noue des analogies étranges, des rapports volatils qui lient nos pensées et nos actes à telles impressions de la vue, de l'ouïe, de l'odorat. Pour avoir rencontré une femme dont les yeux sont gris, l'homme du nord, tout à coup nostalgique, s'en retourne au pays natal. De même une orange qu'on épluche, parfois, suffit pour susciter toute l'atmosphère d'un theatre. Et ceci encore: pour avoir respiré, sur un trottoir en reparation, l'été, l'odeur de l'asphalte qui bout dans sa cuve, nous partons pour la mer, avides de grands ports où le goudron sent bon aux quilles brunes des vaisseaux. Et ceci: les réverbères ophtalmiques, dans le brouillard, font rêver d'altruismes, de dévouements humanitaires, d'un legs pour un hospice ou une clinique des yeux …"[18].

Das merkwürdige Zusammentreffen äußerer Zustände und Vorgänge mit seelischer Veranlagung gewinnt bei Rodenbach durch die enge Beziehung zu dem Bild des flandrischen Brügge eine für, das ganze Wesen und die ganze Richtung seines literarischen Schaffens geradezu entscheidende Bedeutung. Der melancholisch veranlagte, in leichten Träumen dahinlebende Dichter und die in stiller Verlassenheit daliegende Stadt gehören innerlich zusammen. Ihr Bild, das er in seiner Jugend in sich aufgenommen, hat er zeitlebens festgehalten; es hat sich seiner weichen Seele immer deutlicher aufgeprägt, je mehr seine inneren Gefühle zu äußerem dichterischen Ausdruck drängten. Merkwürdig genug, Rodenbach hat die Stadt, der sein Denken und Dichten galt, nur selten und immer nur vorübergehend betreten. Es widerstrebte ihm, die Wirklichkeit aus der Nähe zu schauen, seine ganze Kunst setzte er vielmehr darein, das Bild der Dinge durch seine eigene Vorstellung von den Dingen zu korrigieren, die Wirklichkeit durch die Erinnerung zu verklären[19].

---

18   „Le Rouet des brumes", S. 75.

19   Vgl. G. Rodenbach, „Paris et les petites patries". „Revue Encyclopédique"
      1897. S. 137ff.

Brügge ist darum für ihn viel mehr geworden als etwa Gent für Maeterlinck, als Lüttich für Henry Carton de Wiart oder die Campine für Georges Eekhoud und Georges Virrès: es ist die Stadt, in der sich sein Seelenleben in seinen feinsten Regungen spiegelt. Die seelische Verwandtschaft, die ihn mit dem einsamen und träumerisch daliegenden Brügge verband, hat sich schließlich zu einem solchen Grad inneren Zwangs gesteigert, dass, als er in einer seiner letzten Novellen[20] das echt pariserische Motiv des Ehebruchs zu behandeln unternahm, ihm die Lösung nur dadurch gelang, dass er die Handlung aus der Seinestadt heraus in die Einsamkeit Brügges verlegte. Es ist, als ob er nur so eines Problems Herr werden konnte, dessen großstädtische Natur seinem an andere Kost gewöhnten Wesen widersprach.

Um inmitten seiner symbolistischen Gesinnungsgenossen eigene Wege zu gehen, brauchte Rodenbach nur die Fülle der Beziehungen, die sich zwischen ihm und seiner Lieblingsstadt hergestellt hatten, aufzugreifen und zum Roman oder zum Gedicht zu gestalten.

Wer Rodenbach verstehen will, muss Brügge kennen und die Stadt mit den Augen gesehen haben, mit denen sie erst kürzlich wieder Richard Muther anzuschauen gelehrt hat[21].

Wenn der Reisende heute durch die einförmigen Gefilde der flandrischen Ebene dahinfährt, staunt er bei dem Anblick der hochragenden Türme, die, weithin sichtbar, plötzlich in der Ferne auftauchen, die einstige Beherrscherin der Meere ankündigend, das seemächtige Brügge. Diese Türme lassen nichts ahnen von der Fülle von Elend, das sich in der Stadt selbst in aufdringlichen Formen breitmacht. Stolz und majestätisch stehen sie da, die Zeugen einer glänzenden Vergangenheit. Von den hohen Kirchtürmen und dem gigantischen

---

20   „La ville" in: „Le Rouet des brumes" S. 63-71.

21   „Geschichte der Malerei" II (Leipzig 1909) S.38ff. und „Aufsätze über bildende Kunst" III (Berlin 1914) S. 141ff.

Markthallenturm, dem alten Wahrzeichen der Stadt, schweift der Blick des Besuchers bald hinüber zu den kleinen Bauwerken, die sich wie ein Spielzeug um die gewaltigen Dome lagern. Enge „Straßen umfangen ihn. Der modern gewollte Bahnhofsplatz mit seinen banalen Hotelfassaden lässt trotz der nicht schlecht gelungenen Gothik des Bahnhofsgebäudes keinen überwältigenden Eindruck zurück, er ist nicht typisch für die Stadt, ebenso wenig wie die heute wie schon zu Rodenbachs Tagen immer häufiger werdenden modernen Straßen. Nur der der Stadt unkundige Besucher wird seinen Weg durch die neuen Straßen nehmen. Der des Weges Kundige schlägt gern kleine Seitengassen ein, deren alte Häuser ihm das Bild vergangener Zeiten vorzaubern. Wer heute Brügge sehen will, so wie es Rodenbach gesehen hat, muss solche stillen Winkel betreten; er darf nicht die Stadt aufsuchen, die in moderner Umgestaltung krampfhaft zu neuem Leben emporstreben will, sondern die Stadt, die in stillem Siechtum um ihre entschwundene Größe trauert. „La beauté de Bruges est dans le silence; et sa gloire, de ne plus appartenir qu'à un peu de prêtres et de pauvres, c'est-à-dire à ceux qui sont le plus purs, puisqu'ils out renoncé. La meilleure destinée consiste à être quelque chose qui se survit …, Ne peut-on pas aimer aussi la mort, aimer la douleur? La beauté de la douleur est supérieure à la beauté de la vie. C'est la beauté de Bruges. Grande gloire finie! Dernier sourire immobile! Tout s'est recueilli alentour: les eaux sont inertes, les maisons sont closes, les cloches chuchotent dans la brume. Voilà le secret de son charme. Elle est unique. On marche dans elle comme dans un souvenir …"[22]. Der Eindruck, den Brügge von der Ferne her erweckt, macht bald anderen Eindrücken Platz. Nichts von den riesigen Dimensionen, auf die die gewaltigen Türme schließen ließen. Statt der zu erwar-

---

22   „Le Carillonneur" (Paris, Fasquelle). S. 22.

tenden Pracht eine durch das moderne Leben schlecht ver-
hüllte Verlassenheit und Öde. Der Anblick der noch in ihrem
verkommenen Zustand majestätischen Gebäude, die sich
überall durch die Stadt hinziehenden, öde und leer daliegenden Kanäle, die mächtigen Stadttore, der riesige Marktplatz,
an dem noch das Haus steht, in welchem einst Maximilian I.
als Gefangener der mächtigen Stadt gesessen hat – alles das
stürmt ein auf den Besucher. Einen geheimnisvollen Zauber
übt die Stadt auf alle aus, die sie zu verstehen suchen. Wer die
Straßen von Brügge mit ihren wechselnden und doch immer
wieder in demselben Grundton gehaltenen Bildern durchwandert, liest wie in einem Buch. Kein Buch, wie es sich
auftut vor dem Besucher der lachenden Gestade Venedigs,
mit dem man Brügge so oft verglichen hat; es ist vielmehr
etwas Schwermütig-Träumerisches, das sich auf das Gemüt
lagert. Das ist es, was Rodenbach zur Grundstimmung seiner
Romane und Gedichte gemacht hat. In beschaulicher Ruhe
träumt er sich hinein in die Dinge; er stimmt den Ton seines Herzens auf den Ton seiner Umgebung und vereinigt die
Seele der Dinge mit seiner eigenen Seele zu einer Gesamtwirkung von reinster Harmonie. „Muettes analogies! Pénétration réciproque de l'âme et des choses! Nous entrons en
elles, tandis qu'elles pénètrent en nous"[23].

---

23   „Bruges-la-Morte" (Paris, Flammarion) S.71.

II.

Der gemeinsame Grundzug der Rodenbachschen Romane
und Novellen, die zu düsterer Melancholie neigende Träumerei, nimmt eine besondere Schattierung an je nach der nähe-
ren oder weiteren Beziehung, in die der Verfasser die Handlung zu dem Bild von Brügge gerückt hat. Mit der ganzen
Einseitigkeit, deren sein Wesen fähig war, hat er das Leben
seiner Romanhelden mit dem Dasein seiner Lieblingsstadt
verknüpft und zwischen beiden, Menschen und Dingen, eine
Innigkeit der Beziehungen hergestellt, die weit über die land-
läufige Auffassung von dem Verhältnis zwischen Handlung
und Hintergrund hinausgeht, wie sie nachmals Joseph Lauff
in seinem Brüggeroman „Sankt Anne" (1908) in rein äußer-
licher Nachahmung Rodenbachs vortragen sollte. Die literarische Verwertung eines solchen, aus einer neuen Auffassung des Milieubegriffs geschöpften Motivs war Rodenbach
zuerst in dem Roman der Goncourts, „Madame Gervaisais"
entgegengetreten. „Dans Madame Gervaisais", so schreibt
er[24], „il y a aussi agrandissement au delà de l'histoire d'une
vie. D'abord, l'influence d'une ville sur une âme. Les pierres
parlent, les pierres de Rome où il y a de la poussière des siè-
cles, de l'encens invétéré. Et puis, une autre ·idée dominante,
qui est admirable et d'un symbolisme latent: l'héroïne meurt
de trop de beautés, de trop d'émotions délicieuses, du rêve
touché, d'avoir presque levé le voile d'Isis". Die Einfügung der
Handlung seiner Romane in das düstere Bild Brügges bedeu-
tete für Rodenbach keinen auf Effekt berechneten, äußerli-

---

24   „L'Elite" S. 38.

chen Kunstgriff, sondern ein mit zwingender Notwendigkeit empfundenes inneres Bedürfnis.

Schon seine Erstlingsleistung auf dem Gebiet des Romans „L'Art en exil" (1889) lässt das mit Deutlichkeit zutage treten.

1.

Der Held des Romans „L'Art en exil", der Dichter Jean Rembrandt, lebt mit seiner Mutter in stiller Zurückgezogenheit in Brügge. Seine dichterischen Arbeiten nehmen ihn ganz in Anspruch, aber was er an freier Zeit erübrigen kann, widmet er seiner geliebten Stadt. Am liebsten sieht er sie in der Dämmerung, wenn der Tag zur Neige geht und zu träumerischer Betrachtung einlädt. So durchwandert er auch jetzt wieder die Straßen. Eine Begine geht an ihm vorüber, ihr bleiches Gesicht verlässt ihn seitdem nicht mehr. Endlich gelingt es ihm, sie wiederzusehen. Sie wird seine Frau. Aber bittere Enttäuschungen bleiben ihm nicht erspart. Sie, die er für vollkommen gehalten, ist wie die anderen. Für seine Dichtungen hat sie wenig oder gar kein Verständnis. Er aber lebt ganz der Poesie und strebt danach, seinen Jugendtraum zu verwirklichen und die Unsterblichkeit des Dichters zu erringen. Geldverlegenheiten, die sich bald einstellen, vermögen ihn nicht zu beirren. Endlich entschließt er sich, seinen Beruf als Advokat, den er ohne innere Neigung ergriffen hat, auszuüben. Aber er findet nichts zu tun. Dem weitabgeschiedenen Dichter will niemand seine Rechtsstreitigkeiten anvertrauen. Man rät ihm, sich um eine Stelle im Staatsdienst zu bewerben. Er wendet sich zu diesem Zweck an den Bürgermeister der Stadt, aber der finstere und vertrocknete Beamte hat nur ein höhnisches Bedauern für ihn übrig, er könne nichts für ihn tun, er gehöre nicht zu seiner politischen Partei.

Wütend geht Jean Rembrandt hinaus vor die Stadt. Erst als er sie schon weit hinter sich weiß, blickt er zurück. Nur den Beffroi und den Turm der Kathedrale sieht er noch in weiter Ferne am Himmel aufragen, beide sich gegenüberstehend wie feindliche, trotzige Gestalten. Da kommt es ihm zum Bewusstsein, wie die Feindschaft, welche die Menschen entzweit, bis in die Bauwerke hinein lebt, und wie der Gegensatz zwischen der Stadt, welche den Markthallenturm errichtet, und der katholischen Kirche, welche die himmelwärtsweisende Kathedrale geschaffen, den ewigen Widerstreit zweier feindlichen Mächte versinnbildlicht, den Gegensatz zwischen bürgerlichem Freiheitsdrang und konservativer Kirchlichkeit. Seitdem sieht er die gewaltigen Türme mit anderen Augen an. Er erblickt in ihnen nicht mehr schlecht und recht die riesigen Bauwerke, die ihre Schatten über die Schwärme kleinerer Häuser werfen; er sieht in ihnen die Werke menschlicher Hände, den Ausdruck menschlicher Gedanken und Leidenschaften; er fühlt, dass in ihnen der Geist eines ganzen Volks lebt, das sie in gemeinsamer Arbeit geschaffen hat. In den trotzig dastehenden Türmen spricht sich etwas von jener hochmütigen Verachtung des Volks gegen die Kunst und die Poesie aus, unter der Jean Rembrandt so sehr zu leiden hat, und jedes Mal, wenn er nun zu den hohen Türmen empor sieht, fühlt er sich aufs neue getroffen von der Gleichgültigkeit des Volks gegen die Schöpfungen des Geistes. Sein ganzes Innenleben verquickt sich immer enger und dämonischer mit den Türmen der Stadt. Bald vermeint er in dem in der Ferne verhallenden Klang ihrer Glocken die leise, ins Unbestimmte zerfließenden eigenen Träumereien wiederzuerkennen, bald vermeint er in ihrem gellenden, rasch bewegten Schlag ein spöttelndes Necken zu vernehmen. Und dazwischen klingt, alles übertönend, der dumpfe Schlag der Turmuhr des Beffroi, einsam in der Unendlichkeit verhallend. „C'est le thème de sa solitude, tout au-dessus

de la foule; c'est la plainte de son Art en Exil auquel rien ne
répond." Das seelische Leiden des Dichters wird schlimmer,
sein Hang zur Einsamkeit steigert sich. Alle seine Versuche,
seiner Kunst zur Geltung zu verhelfen, scheitern. Seine Frau
stirbt ihm. Er zieht wieder zur Mutter. Auch diese stirbt. Seine
Freunde aus der Jugendzeit sind ihm schon längst innerlich
fremd geworden, sie gehen im polltischen Leben auf und
spielen geisttötende Spiele im Kaffeehaus. Der Einzige, der
noch Verständnis für sein Leiden und Streben gehabt hatte,
ein Musiker, hat sich dem Trunke ergeben; auch er hat nur
Enttäuschungen erlebt. So zieht sich Jean Rembrandt in die
Einsamkeit seines Hauses zurück. Sein Lebensideal ist ihm
geraubt. Er vernichtet das Letzte, was ihm teuer auf der Welt
ist, das treu behütete Manuskript seiner Dichtungen. Wie
ehedem geht er wohl auch jetzt noch in der Abenddämmerung aus, um die alten Häuser und die schweigenden Kais
zu betrachten und dem Klang der Glocken zu lauschen, aber
der Hang zur Einsamkeit und zum weltvergessenden Hin-
dämmern wird schließlich so stark in ihm, dass er sich in sein
Haus einschließt und nicht mehr wissen will, ob es Tag oder
Nacht ist. Die Lampe brennt immerwährend bei ihm, die
Fensterläden bleiben geschlossen ...

2.

Was Rodenbachs Erstlingsroman mit stillschweigender
Selbstverständlichkeit unternommen, hat „Bruges-la-Morte"
(1892) in programmatischer Form verkündet. Seinem
Roman hat Rodenbach diesmal ein „Avertissement" vor-
ausgeschickt, in dem er jene Auffassung von dem Verhältnis
zwischen Mensch und Ding, Handlung und Hintergrund
darlegt, die so ganz seinem inneren Wesen entsprach und
sich auf einer neuen, der Kunst der Goncourts abgelausch-

ten Wertung der Dinge der Umwelt aufbaute. Er schreibt: „Dans cette étude passionnelle, nous avons voulu aussi et principalement évoquer une Ville, la Ville comme un personnage essentiel, associé aux états d'âme, qui conseille, dissuade, détermine à agir. Ainsi, dans la réalité cette Bruges, qu'il nous a plu d'élire, apparaît presque humaine …Un ascendant s'établit d'elle sur ceux qui y séjournent. Elle les façonne selon ses sites et ses cloches. Voilà ce que nous avons souhaité de suggérer: la Ville orientant une action; ses paysages urbains, non plus seulement comme des toiles de fond, comme des thèmes descriptifs un peu arbitrairement choisis, mais liés à l'événement même du livre. C'est pourquoi il importe, puisque ces décors de Bruges collaborent aux péripéties, de les reproduire également ici, intercalés entre les pages: quais, rues désertes, vieilles demeures, canaux, béguinage, églises, orfèvrerie du culte, beffroi, afin que ceux qui· nous liront subissent aussi la présence et l'influence de la Ville, éprouvent la contagion des eaux mieux voisines, sentent à leur tour l'ombre des hautes tours allongée sur le texte." Das ist es, was Rodenbach will: er erhebt die Stadt selbst zur handelnden Person, die sich mit Leben füllt und entscheidend eingreift in die Geschehnisse des Romans. Er sucht uns nicht einseitig zu interessieren für Vorgänge des menschlichen Lebens, die sich schließlich gerade so gut irgendwo anders hätten abspielen können, sondern er will den Einfluss dartun, den eine eigenartige Stadt auf das menschliche Seelenleben ausübt. Auch die Dinge der Außenwelt reden ihre Sprache. Der Blick des Menschen, der sinnend durch die Welt geht, haftet an ihnen wie an den Personen seiner Umgebung. An sie knüpfen sich ihm mannigfache Erinnerungen; ihr Bild verquickt sich mit seinem Innenleben; sie werden selbst zu einem Stück menschlichen Daseins.

Gleich die ersten Worte des Romans schlagen die Stimmung an, die uns in stets stärkeren Tönen aus allen seinen

Seiten entgegenklingt. Der Tag neigt sich, die Stadt mit ihren Schatten deckend. Hugues Viane ist im Begriff, seinen gewohnten abendlichen Spaziergang zu machen. Den Tag pflegt er, still und zurückgezogen, in seinem Hause zu verbringen, von Zeit zu Zeit in das Düster der Straße blickend. Fünf Jahre hat er schon so zugebracht. Der jähe Tod seiner Frau hat ihn zum weltfremden Träumer werden lassen, der nur der Erinnerung an die verlorene Gattin lebt. Sein Weg führt ihn allabendlich die Kanäle entlang, die in weitem Bogen die innere Stadt umspannen. Schwankenden Schritts, in gebeugter Haltung, geht er durch die Stadt dahin, deren abendlich trübes Aussehen ganz zu seiner Seele passt. Die düstere Stille des Novemberabends, die nur durch das feierliche Geläute der Glocken unterbrochen wird, stimmt ihn mehr als je traurig. Der dunkle Drang, in der Ruhe der Straßen Analogien zu seinem eigenen Seelenzustand zu suchen, treibt ihn aus seinem einsamem und geräumigen Haus. Das ist es, was ihm diese Stadt liebgemacht und ihn bestimmt hat, nach dem frühen Tode seiner Frau dorthin überzusiedeln. In den heiteren Tagen seiner Ehe hatte er sie einst an ihrer Seite betreten, aber, von lachendem Glück umfangen, nichts von der düsteren Melancholie empfunden, die von ihr ausströmt. Erst nach dem Tode seiner Frau war ihm mit plötzlicher Erleuchtung die Erkenntnis gekommen, dass nur diese Stadt mit ihren düsteren Häusern, ihren öden Kanälen und ihren leeren Straßen der Stimmung seiner Seele entspricht. Er war hierhin übergesiedelt, um in ihrer Verlassenheit die Ruhe des Herzens zu finden. Wenn er, einsam und in Gedanken verloren, durch ihre Straßen schreitet, glaubt er überall das Bild der Verstorbenen zu sehen, wie es sich in dem ruhig fließenden Wasser der Kanäle spiegelt; er glaubt ihre Stimme zu hören, wie sie aus dem hellen Klang der Glocken zu ihm spricht. Das Bild der in Grabesruhe daliegenden Stadt fließt ihm mit dem Bild seiner Frau in unlösbarer Mischung zusammen. Die

Stadt wird für ihn die Tote, die Verkörperung seines eigenen Schmerzes. Auch ihr Leben ist erloschen. Wie eine riesige Tote liegt sie da. Die Adern ihres Leibes sind erstarrt, seitdem der lebenbringende Pulsschlag des Meeres von ihr gewichen. In den düsteren Mauern, den hochragenden Türmen und den langsam fließenden Wassern glaubt Hugues Viane Stimmen zu vernehmen, die zu ihm sprechen und die Sehnsucht nach dem Tode in ihm wecken, das Verlangen, die ihn umgebenden Dinge nicht zu überleben. Überall bietet sich ihm das gleiche Bild dar; in den Straßen, die er durchwandert, wie in der Kirche, in die er jeden Abend als frommer katholischer Christ seine Schritte lenkt. In der Stille der gewaltigen Kirche, in der so viele Grabsteine an Tod und Vergänglichkeit gemahnen, fällt sein Blick auf den Sarkophag der Maria von Burgund, die dort an der Seite Karls des Kühnen ruht. Ihre edlen Züge prägen sich ihm fest ein, und unwillkürlich vermischen sie sich mit dem Bild derjenigen, die er im Herzen trägt, und die nun auch im Grabe schlummert. Da plötzlich – eben hat er die Kirche verlassen – gewahrt er, wie eine Frauengestalt an ihm vorübergeht. In ihrer ganzen Erscheinung glaubt er das Bild seiner Frau vor sich zu sehen. Es überkommt ihn wie eine Halluzination. Unsicheren Schrittes folgt er ihr; er, der sonst nie auf andere achtet, nähert sich ihr, um sie besser zu sehen, prallt zurück, sobald er sie erreicht. So folgt er ihr, bis sie an einer Straßenkreuzung verschwindet, plötzlich wie sie gekommen. Mit stillem Schauder denkt er hinfort an sie, die er nur so kurz gesehen, die in ihrer ganzen Erscheinung, bis in die rasch beobachteten kleinsten Einzelheiten hinein, der Verstorbenen gleicht. In die Erinnerung an die Tote drängt sich hinfort die Erinnerung an die Lebende ein. Seine Gedanken sind gefesselt von dem kurzen Abenteuer eines Augenblicks. Tag für Tag, zur Stunde, da er sie gesehen, lenkt er seine Schritte nach der Stelle, wo sie ihm begegnet, aber erst nach acht Tagen sieht er sich ihr wieder gegenüber.

Und wieder überrascht ihn, noch stärker als das erste Mal, die Ähnlichkeit mit der Toten. Sichtlich verwirrt bleibt er stehen, während sie ruhigen Schritts vorübergeht und, seine Verwirrung gewahrend, einen Blick auf ihn wirft – den Blick der Verstorbenen, den er niemals wieder zu sehen gehofft, den er mit ihrem gebrochenen Auge für immer erloschen geglaubt hat. Und wieder macht er sich auf und geht ihr nach, aus den einsamen und engen Gassen hinaus in die belebteren Straßen der Stadt bis zu dem Theater, in dessen offenstehender Tür sie verschwindet. Auch diesmal geht ihm ihre Spur verloren. Aus der Vorhalle treibt es ihn hinein in das Theater selbst. Er, der in seiner Trauer jede Berührung mit anderen gemieden, sieht sich plötzlich inmitten des hellerleuchteten Zuschauerraums und muss gewahren, wie neugierige Blicke zu ihm herüberschweifen und das Geheimnis seiner ungewohnten, mit seiner ganzen Erscheinung kontrastierenden Anwesenheit im Theater zu enträtseln suchen. Unstet lässt er seine Blicke durch den Saal schweifen, aber auch hier wird er ihrer nicht ansichtig. Nur der Gedanke, die Gesuchte zu finden, vermag ihn noch aufrecht zu halten. Endlich sieht er sie auf der Bühne – als Tänzerin. Auch jetzt wieder fühlt er sich getroffen von dem überraschenden Eindruck ihrer Ähnlichkeit mit der Toten. Das war nicht mehr die Fremde, das war sie, die Tote selbst.

Rasch hat er ihren Namen – er glänzt in großen Lettern auf dem Theaterzettel: Jane Scott – erfahren und hat ermittelt, dass sie einer Truppe angehört, die zweimal wöchentlich von Lille herüberkommt, um Vorstellungen zu geben. Bald spricht er zum ersten Mal mit ihr und vernimmt aus nächster Nähe den Klang ihrer Stimme. Immer mehr fühlt er sich zu ihr hingezogen, fast vergisst er schon die Jahre der Trauer. Die Gegenwart lacht ihm; er vermeint die Frau vor sich zu sehen, die er ehemals verloren; er fühlt sich mit ihr eins, wie er es mit der Toten gewesen war. Jedes Wort, das er aus ihrem Munde vernimmt, jede Bewegung, die er an ihr gewahrt, befestigt ihn in dem Glauben, in der Lebenden die Tote vor sich zu sehen. Um sie stets und ständig bei sich zu haben, mietet er ihr ein Haus, aber keins der düsteren Häuser, wie sie seiner früheren Stimmung entsprachen, sondern ein freundliches Haus am Rande der Stadt, in der Nähe lachender Fluren. Und doch liebt er sie nicht. Was er bei ihr sucht, ist nur das Bild der Toten, der Wunsch, sich den Traum seines Lebens erneuern zu sehen. Darüber ist sein Lebenswandel ein anderer geworden. Während er früher als einsamer Träumer planlos durch die Straßen der Stadt wandelte, führt ihn jetzt sein Weg regelmäßig zu dem Haus, das Jane bewohnt. Ihn kümmert wenig die Klatschsucht der Leute, die ihm ihre Blicke nachsenden und ihn bald mit bösen Reden verfolgen. Hier in der katholischen Stadt, an deren Straßenecken die Bilder der Jungfrau Maria erglänzen, lebt ein frommer Geist. Jedes Abweichen von den Geboten der Religion wird als sündhaftes Laster empfunden. Alles liefert willkommenen Stoff zu Klatsch, die Öde und Einförmigkeit des Daseins zu unterbrechen. Nicht umsonst hat fast jedes bessere Haus seine „espions", kleine, vor den Fenstern angebrachte Spiegel, durch die man, selbst ungesehen, die Vorgänge in der Straße beobachten kann. Hugues allein merkt nichts von dem, was um ihn vorgeht. Seine Gedanken knüpfen ihn an anderes an, seitdem er in Jane das Bild seiner Frau gefunden. Selbst die Gebäude, Straßen und Kanäle der alten Stadt, seiner treuen Freundin, schweigen für ihn; ihre Sprache hört er nicht mehr; die tote Stadt schweigt, denn die Tote lebt.

In Hugues' Dasein ist eine entscheidende Wendung eingetreten. Der Gedanke, der seinen Lebensinhalt ausmacht, hat seine Verkörperung in der Gegenwart gefunden. Auf sein durch jahrelange Trauer erregtes Gemüt stürmt mit gebieterischer Kraft der Eindruck der überraschenden Ähnlichkeit ein, die er zwischen seiner verstorbenen Frau und Jane entdeckt hat. Betäubend und verwirrend lagert sich dieser Eindruck auf sein Gemüt, zwei widerstreitende Strebungen der menschlichen Natur verbindend, die Gewohnheit und den Hang zum Neuen. Unter der Einwirkung der unablässigen Trauer um seine Frau hat sich sein ganzes Sinnen und Trachten ,in dem Gedanken an die Tote verloren, aber gerade dieser ewige, sich stets verjüngende Gedanke treibt ihn unbewusst zu Neuem fort, zu dem Drang, das Bild seiner Frau in anderen zu suchen. Wenn man die Seiten liest, in denen Rodenbach das Verhältnis Hugues' zu Jane entwickelt, nimmt man deutlich wahr, wie er die Notwendigkeit empfunden hat, die Wandlung in dem Seelenleben seines Helden durch eine neue psychologische Orientierung klarzumachen. Wie es seine Art ist, verknüpft er diese wieder mit der Wechselwirkung, in der Mensch und Dinge zueinander stehen. Das Moment, aus dem heraus sich alles erklärt, ist der in Hugues lebende „sens de la ressemblance", der sich bei ihm zu einer die Richtung seiner Natur beherrschenden Macht steigert und im Grunde wieder geknüpft ist an die tief innerliche Beziehung zum toten Brügge, in die sich Hugues wie in ein Element seines Daseins hineingelebt hat. Was seine Seele bisher empfunden, war das Bewusstsein der Identität seines eigenen Daseins mit dem Geschick der verwaisten Stadt. Nachdem er Jane kennengelernt hat, nimmt das Verlangen, die Verstorbene wiederzufinden, eine neue Form an; er sucht sie nicht mehr in dem Bild des toten Brügge, in der Gemeinsamkeit melancholischer Stimmung, die Seele und Stadt gegenseitig austauschen, sondern er glaubt in Janes lebenden Zügen das erstarrte Bild der Verstorbenen zu finden; er lebt sich ganz in den Gedanken ein, dem Andenken an die Entschlafene zu dienen, indem er sich ihr Bild in Jane zu vergegenwärtigen sucht. Die Befürchtung, dass er durch seine regelmäßigen Besuche bei ihr Anstoß vor anderen erregen könne, kommt ihm nicht. Die Liebe zur verstorbenen

Gattin, die Pflege ihres Andenkens ist die einzige Rücksicht, die er im Leben kennt, der einzige Zweck, um dessentwillen er lebt. Nach wie vor durchwandelt er träumenden Sinns die in ehrfurchtsvoller Scheu unverändert gelassenen Räume seines Hauses, an die sich für ihn die Erinnerungen an die entschlafene Gattin knüpfen. Dem Andenken an sie sind alle seine Gedanken geweiht, und wenn der Abend naht, lenkt er seine Schritte zu dem fernen Haus, das Jane bewohnt, „ainsi qu'à la dernière station de son culte".

Der Drang, in der Lebenden die Tote zu schauen, wird immer stärker in Hugues. Er treibt ihn zu dem Verlangen, Jane in den Kleidern der Verstorbenen zu sehen. Er will ihr Bild ganz genießen und seiner Trauer auch dieses Opfer bringen. Da, als er seinen Wunsch erfüllt sieht, kommt ihm zum ersten Mal das Gefühl einer leichten Beklemmung. Janes leichtfertige, frivole Art passt schlecht zu dem Ernst seiner Stimmung. Der Zauber der alles entschuldigenden und alles gebieterisch rechtfertigenden Ähnlichkeit beginnt zu verblassen. Jane erscheint ihm hinfort als eine andere. Die Entfremdung zwischen beiden setzt ein. Hugues fängt an, sich der Täuschung bewusst zu werden, die ihn umfangen hält. Das Unfeine ihrer Natur, über das er, von dem überwältigenden Eindruck der Ähnlichkeit geblendet, bisher hinweggesehen, wird ihm jetzt immer fühlbarer. Jane ihrerseits beginnt eines Mannes überdrüssig zu werden, für dessen träumerisches Gebahren sie keinen Sinn hat. Mehr als einmal trifft er sie nicht zu Hause und dann durchwandert er ärgerlich die einsamen Straßen, deren einförmiges Grau, die richtige Farbe für seine Stimmung, ihn zu Melancholie und zu Träumerei einlädt. In dem Maße, wie er sich so wieder zur Stadt hingezogen fühlt, wendet er sich innerlich. von Jane ab. Die Türme der Stadt reden eine neue Sprache zu ihm. Trotzig in ihrer schwindelnden Höhe erheben sie sich vor seinen Augen, als wollten sie seiner Zweifel spotten. Bei ihrem Anblick, beim

Klang ihrer Glocken rafft er sich zu dem Entschluss auf, seine Beziehungen zu Jane zu lösen und zur Ähnlichkeit mit der Stadt zurückzukehren. Wieder ist ein Punkt gegeben, wo Rodenbach eine Wandlung in dem Dasein seines Helden zu motivieren hat. Wieder führt er diese Wandlung auf den Zauber zurück, der von Brügge ausströmt. Je mehr sich Hugues von Jane abgestoßen fühlt, umso mehr empfindet er den tiefreligiösen Geist, der über der Stadt lagert und von den Mauern ihrer zahlreichen Klöster ausgeht und sich mit ihrem weithin vernehmbaren Glockenspiel in die Herzen hineinläutet. Die Religion wird Hugues' Retterin. Sie treibt ihn wieder in die Einsamkeit der Kirche, in das stille Johanneshospital, das Memlings Meisterwerke beherbergt. Was der Anblick der Stadt mit ihren Kirchen wachgerufen, was die Kunst gefördert, das vollendet das Wort des Geistlichen. Andächtig lauscht Hugues seiner Predigt über den Tod, ein Thema, das sich wie kein anderes der umgebenden Stadt anpasst und aus dem innersten Wesen der Dinge geschöpft ist. Inmitten einer Atmosphäre, wo alles Religion und Gottesfurcht atmet und an die Vergänglichkeit der irdischen Dinge gemahnt, findet sich Hugues wieder.

Immer klarer kommt es ihm zum Bewusstsein, dass das Bild der Verstorbenen, das er in Jane entdeckt zu haben glaubt, anderswo zu finden ist. Bald verraten ihm auch ihre äußeren Züge nichts mehr von Ähnlichkeit mit der Verstorbenen. Stärker noch als diese Enttäuschung wirkt das still auf seinem Gewissen lastende Bewusstsein der Schuld gegenüber derjenigen, deren Andenken ihm heilig ist. Aber noch hat er sich nicht von Jane freigemacht. Er muss es erleben, dass sie ihn vernachlässigt. In Anwandlungen von Eifersucht umschleicht er nächtlicherweile ihr Haus, um sie zu überwachen. Obwohl er entschlossen ist, mit ihr zu brechen, kann er das entscheidende Wort nicht finden. Sie aber empfindet den Triumph, den sie errungen, und ist entschlossen, ihren

Sieg noch weiter auszunutzen, sie will Hugues' Haus betreten und sich fühlen als seine Herrin – und Erbin. Die Prozession vom Heiligen Blut, die alljährlich stattfindet und den Höhepunkt der religiösen Feierlichkeiten in der frommen Stadt bildet, soll den Vorwand dazu abgeben. Jane kommt in Hugues' Haus, um ihr vom Fenster aus zuzusehen. Mit Mühe gelingt es ihm, sie von dem Fenster zu entfernen. Schon wird man draußen auf sie aufmerksam. Schmollend zieht sie sich in das Zimmer zurück, während er, am Fenster stehend, die Prozession vorbeiziehen sieht und den heiligen Aufzug auf sein Gemüt wirken lässt. Janes ganzes Gebahren, die schonungslose Unverfrorenheit, mit der sie über die Bilder seiner Frau spottet, steigert seine Erregung bis zum Äußersten. Als sie es vollends wagt, den Zopf, den er seiner toten Frau abgeschnitten und als letzten irdischen Rest der teueren Entschlafenen pietätvoll aufbewahrt, zum Gegenstand ihres Spottes zu machen, vermag er sich nicht mehr zu halten. Wie von Sinnen stürzt er sich auf sie, um ihr die teuere Reliquie zu entreißen. Sie schlingt den Zopf um ihren Hals; er sucht ihn ihr zu entreißen, und in dem Kampf, der sich zwischen beiden entspinnt, sinkt sie erdrosselt zu Boden. Hugues steht vor der Leiche, die erstarrten Züge betrachtend, die sich ihm mit denen seiner Frau in unentwirrbarer Mischung zu vereinigen scheinen. Es ist ihm zumut, als ob er sie zum zweiten Mal tot vor sich liegen sähe. Durch die geöffneten Fenster schallt das Geläute der zahllosen Glocken der Stadt herein, die das Ende der Prozession verkünden. Ihr friedlicher, sich allmählich in der Stille verlierender Klang ruft es ihm aufs Neue ins Bewusstsein, dass er in seinem Dasein und in seinem Schmerz doch nur der Stadt gleicht, die ihn umfängt, dem toten Brügge.

3.

In die Stille des Béguinage versetzt die Sammlung von Skizzen, die Rodenbach im Jahre 1894 unter dem Titel „Musée de Beguines" vereinigt hat. Statt einer einheitlichen, geschlossenen Handlung, wie wir sie in „L'Art en exil" und in „Bruges-la-Morte" finden, haben wir hier eine Reihe loser Skizzen vor uns. Wir verlassen die Sphäre des mit äußerer Handlung verknüpften Romans; um ganz in den Bereich der Stimmungsschilderung einzutreten. In keinem anderen Prosawerk gibt sich Rodenbach in gleichem Maße so ganz seinen Stimmungen hin. In sie tauchen sich ihm all die friedlichen Bilder ein, welche der Anblick der Beginenhäuser in ihm wachruft, in sie münden all die Betrachtungen ein, die er über die frommen Beschäftigungen ihrer Bewohnerinnen anstellt. Wie träumerisch ragen die altehrwürdigen, idyllisch gelegenen Gebäude in den grauen Morgennebel hinein; ihre verblassten Ziegeldächer heben sich malerisch von dem bleiernen flandrischen Himmel ab; ein frommer Zauber entströmt den ehrwürdigen Mauern, und nur der feierliche Klang der Glocken unterbricht die gleichmäßige Stille. Das ist der Rahmen, in den sich die Stimmung des Dichters einspinnt, die Beziehungen der Dinge zu seiner Seele suchend. „Ah! qu'on s'y sent loin de tout, et loin de soi-même! Un mouton paît dans l'herbe du terre-plein. N'est-ce pas l'Agneau pascal? Une cornette de Béguine apparaît derrière les vitres miroitantes d'un petit couvent, en allée de fenêtre en fenêtre ... Ne sont-ce pas des ailes de linge en route pour le ciel? Et la fumée onduleuse qui s'élève des demeures placides? On y devine un texte entr'aperçu: inscription en fuite, bleu qui prie, banderolle qui chante, comme ces phylactères, dans les tryptiques, aux lèvres des saints et des saintes".

Die erste Novelle „Dentelle de Bruges" enthält eine Episode aus dem Leben einer als Spitzenklöpplerin bekannten Begine. Ein Brautpaar, das bei ihr Spitzen bestellt, gibt ihr zum ersten Mmal den Gedanken an irdische Liebe ein. Mit diesem Gedanken ringt sie in stiller Qual. Sie fürchtet, eine Sünde zu begehen, indem sie Spitzen weltlicher Bestimmung verfertigt, denn all ihre Arbeit ist nur dem Dienste Gottes geweiht. Da enthüllt ihr das jähe Ende, welches das Glück der jungen Verlobten findet, zu ihrer inneren Befriedigung die Vergänglichkeit irdischer Dinge und gibt ihr die tröstende Gewissheit, dass sie ihre Arbeit nun doch noch frommer Bestimmung weihen kann.

„Crépuscule au parloir" bietet die gruselige Geschichte, welche eine redselige Begine in dem abendlichen Plauderstündchen im friedlichen Kreis frommer Sehwestern zum Besten gibt.

„Noces mystiques" schildert den Traum einer Begine. Die Weihnachtsstimmung ruft in ihr traute Erinnerungen an die Tage der Kindheit wach. Sie träumt, sie rüste sich zur Hochzeit. Der Klang der Morgenglocke schreckt sie jäh aus ihren lichten Träumereien empor.

In „La sœur aux scrupules" wird der Gewissenszweifel einer frommen Begine geschildert, die sich nicht darüber klarwerden kann, ob sie einen Gott wohlgefälligen Lebenswandel führt. Sich stets erneuernde Zweitel quälen die Unglückliche. Bald glaubt sie sich durch ein nachlässiges Gebet, bald durch diese, bald durch jene der zahllosen kleinen und kleinsten Sünden gegen Gott vergangen zu haben. Der sich immer wieder, in der einen oder anderen Form, erneuernde Zweifel lässt ihre Seele nicht zur Ruhe kommen. Es ist ihr, als ob sich der Staub der kleinen Sünden um sie aufhäufte wie der Staub in den Beginenhäuschen, doppelt sichtbar in der peinlichen Sauberkeit der frommen Wohnstätten. Mit der zwingenden Evidenz psychologischer

Zeichnung schildert Rodenbach, wie das Seelenleben der unglücklichen Begine stets krankhaftere Formen annimmt, und wie sich ihre Seelenqualen durch die Übertragung auf die äußeren Dinge schließlich zu dem Wahn einer fixen Idee gestalten.

Ein Stimmungsbild tiefen Seelenfriedens enthält die folgende Novelle „L'amour du blanc". Die kleine Skizze schildert die innere Glückseligkeit einer mit sich und der Welt zufriedenen Begine, deren Amt die allwöchentlich vorzunehmende Besorgung der kostbaren Altarwäsche bildet. An dem blendenden Weiß, welches das düstere Einerlei des Beginenhauses unterbricht, findet ihr kindlicher Sinn seine helle Freude. Die Liebe zu dem Weiß der frommen Wäsche wird für ihr ganz in religiösen Gedanken befangenes Gemüt zu dem äußeren Symbol, in das sich ihr die Liebe zu ihrem frommen Beruf umdeutet.

Das Problem eines durch seelische Qualen verschärften körperlichen Leidens entwickelt „L'oiseau de linge". Der leichte Druck der Haube wird der frommen Schwester Godelieve zur schmerzenden Last. Bei Ärzten und Mirakeln sucht sie Linderung von ihrem Leiden, aber alles ist vergebens. Zu den körperlichen Qualen tritt der seelische Schmerz hinzu. Überall sieht die fromme Einfalt der Schwester die Verführungskünste des Satans, sowohl in dem Ansinnen der Ärzte, die Ursache ihres Leidens durch eine eingehende Untersuchung ihres Körpers festzustellen, wie in dem Ausbleiben der von der Inbrunst ihrer Gebete erhofften Linderung. Endlich unterliegt sie ihren Qualen, noch in den letzten Zügen darauf bedacht, ihre aus der Beginenhaube hervorquellenden Haare nach der Regel ihres Ordens zu verbergen unter der kunstvoll geschlungenen Haube, dem „oiseau de linge, qui, après. l'avoir fait longtemps souffrir, redescendait du sein de Dieu – guéri et si léger désormais – se poser sur sa tête pour l'Eternité, comme la Colombe même du Saint-Esprit!"

Die weiter folgende kleine Skizze „Congréganiste" ist für die Kenntnis und Beurteilung der Psychologie Rodenbachs in besonderem Maße interessant. Mehr noch als die anderen Skizzen unseres Bandes zeigt sie, wie tief die Neigung, Analogien zu schlingen, in das Wesen seiner Romankunst eingreift. Eine Begine hat keinen sehnsüchtigeren Wunsch als den, Kongreganistin zu werden. Sie glaubt im Geiste schon ihren Wunsch erfüllt und sieht bereits ihre Haube mit dem Perlenschmuck geziert. Aber unmerklich gleiten ihre Gedanken weiter. „Elle se voyait pâle, *de la dernière pâleur*; non pas avec la couronne de perles sur sa tête tremblante, devant l'autel; mais .avec la couronne de perles sur sa tête immobile, creusant l'oreiller du lit mortuaire où elle serait exposée. Comment cette pensée noire dans le cerveau candide d'une Béguine en pleine jeunesse? Par quelle association d'idées avait-elle abouti là? Et quelle créance ajouter à ce pressentiment: avertissement affectueux de Dieu? Emoi de l'instinct qui sent la mort en chemin? ou bien jeu puéril d'une petite âme inoccupée; naïve imagination, née précisément du double emploi de la couronne de perles? Quoi qu'il en fût, cette idée se fortifiait de jour en jour dans l'esprit de Sœur Edwige; d'abord informulée et vague, comme derrière une brume du matin, un voile d'encens qui s'élime …Maintenant déjà, nette, inévitable, presque géométrique. Elle se voyait avec la couronne de perles, mais morte, raide et longue, sur un lit. Et cette perspective ne l'affligeait point. Elle s'y accoutumait à mesure. C'était mieux que de porter la couronne de perles comme un reliquaire de gouttes d'eau coloriées, qui pourrait choir et se briser, tandis qu'elle marcherait, pleine d'émoi, vers l'autel. Sur sa tête inanimée, elle serait bien plus en sûreté et rayonnante! Et comme il était préférable, ce jour-là, d'être admise au ciel qu'à la Congrégation. Ah! l'insigne faveur que la Vierge lui avait faite là". Der Gedanke, dass sie zu einem frühen Tod bestimmt sei, wird zur fixen Idee bei ihr. Schon bereitet sie sich auf den Tod vor, aber die Morgenglocke ruft ihr wieder ihre Pflichten gegen das Leben ins Gedächtnis zurück, der Klang der frommen Musik berauscht ihre dem Erdenleben zurückgewonnenen Sinne.

„Agonie de béguinage", das an achter Stelle steht, klingt in die frohe Zuversicht aus, mit der die hochbetagte Oberin des Brügger Béguinage auf den ungeschmälerten Fortbestand der von ihr geleiteten frommen Wohnstätten hofft.

Das schon in früheren Skizzen angeschlagene Thema des Seelenkonflikts einer Begine schildert endlich auch die letzte Novelle „La crèche". Weihnachten ist gekommen. Die „sœur sacristine", die ihr ganzes Glück in der Ausübung ihres frommen Berufes findet, begibt sich zur Kirche, um für den am Weihnachtsabend stattfindenden Gottesdienst ihre Vorbereitungen zu treffen und die Krippe aufzubauen, in der die Wachsfigur des Christuskindes ruhen soll. Da empfängt sie die Nachricht von dem plötzlichen Tod ihres kleinen Patenkindes. Seitdem ist sie nicht mehr Herrin ihrer Sinne. Sie lässt in ihrer Verwirrung die heilige Christusstatue fallen. Von Gewissenszweifeln gequält, eilt sie von Geschäft zu Geschäft, um rasch eine neue zu kaufen. Unverrichteter Dinge kommt sie endlich zu ihrer Schwester, um mit ihr um den Tod des kleinen Knaben zu trauern, und um dem eigenen Schmerz Luft zu machen. Der Anblick des tot daliegenden Kindes ruft in ihr sofort das Bild der zerbrochenen Statue wach: die überraschende Ähnlichkeit, die sie zwischen beiden gewahrt, gibt ihr den Gedanken ein, das tote Kind an die Stelle der zerbrochenen Statue zu legen, und als sich am Abend die fromme Gemeinde in der Kirche des Béguinage versammelt, ahnt niemand die Vertauschung, die sie vorgenommen. Gott selbst hat sie gewollt, indem er das kleine Knäblein so plötzlich zu sich rief.

Zwischen diese Skizzen ist eine Reihe von Randbemerkungen – „nature-morte" nennt sie Rodenbach – eingelegt:

kurze Betrachtungen, die von äußeren Dingen ausgehen und zum Seelischen hinübergleiten. Die Hauben der Beginen („Les cornettes"), ihre Kerzen („Les cierges"), ihre Gesänge („Cantiques"), die Blumen, mit denen sie die Fenster ihrer bescheidenen Wohnungen schmücken („Les fleurs"), die Bilder, die sie an den Wänden ihrer Wohnräume aufhängen („Les images"), die Glocken, die wie himmlische Stimmen zu den frommen Gemütern sprechen („Les cloches"), die Rosenkränze, die sie beten („Les chapelets"), die Almosen, die sie den Armen spenden („Les aumônes") – alles das wird ihm zu einem Spiegelbild beschaulichen Beginendaseins. Sein Blick versenkt sich in die Tiefe der Dinge, um sie als äußere Symbole frommer Stimmungen zu enträtseln. Die Kunst, alles und jedes mit dem Spiel seiner Gedanken zu durchdringen und selbst einem banalen Vorwurf Geschmack abzugewinnen, zeigt sich hier, besonders in den „Cornettes", in ihrer vollsten Entfaltung.

4.

Der Grundgedanke einer tiefen innerlichen Seelenverwandtschaft zwischen Mensch und Stadt liegt auch noch manchen der späteren Romane Rodenbachs zugrunde. In „La Vocation" gelangt er mit geringerer Intensität zum Ausdruck als in dem „Carillonneur".

Der erstere Roman „La Vocation", der dem Jahre 1895 angehört, schildert, wie Madame Cadzand nach dem plötzlichen Tod ihres Gatten mit ihrem kleinen Hans allein auf der Welt steht, Das Kind macht ihr ganzes Lebensglück aus; es aufzuziehen und heranwachsen zu sehen, ist ihre einzige Freude. Mit Stolz und Befriedigung blickt sie auf die Erfolge, die der geweckte Knabe als Jesuitenzögling auf dem Collège erringt. Die Liebe der Mutter erträumt schon für Hans ein ruhiges Leben an ihrer Seite im Dienst gelehrter Studien, denen der Vater so plötzlich entrissen worden ist. Aber die bald erwachende Neigung des Sohnes weist nach anderer Richtung; er will sein Leben dem Dienst der Kirche im Kloster weihen. Mit wachsender Besorgnis und steigendem Kummer folgt die Mutter der immer klarer sich offenbarenden Berufung ihre Sohnes. Der erste herbe Schmerz wird ihr bereitet, als Hans, um als Chorknabe dienen zu können, sich seine Locken schneiden lässt. Mit rührender Liebe und selbstüberwindender Entsagung geht die Mutter auf seine Wüusche ein; sie verwandelt ihm sein geräumiges Studierzimmer in einen Betsaal, sie kniet selbst mit ihm vor dem kleinen Altar, den er sich errichtet. Im stillen hofft sie durch solche Maßnahmen sein religiöses Bedürfnis befriedigen und ihn von seinem Entschluß abbringen zu können. Aber Hans bleibt fest. Es bedarf der Tränen der Mutter, um ihn wenigstens zu einem Aufschub seines Entschlusses zu bewegen. Die so gewonnene Frist will sie benutzen, um den Sohn durch die Liebe an die Welt zu ketten. Sie will ihn mit derr Tochter einer ihrer Freundinnen verloben. Aber Hans ist nicht zu beirren. Der Mutter will das Herz brechen, als sie die Ergebnislosigkeit aller ihrer Bemühungen erkennt. Schon glaubt sie den einzigen Sohn sich und der Welt verloren, als ein unvorhergesehenes Ereignis eine Wendung in seinem Entschluss herbeiführt. Ein schönes Dienstmädchen, das ins Haus kommt, wird zur Verführerin. Dem frommen Sohn erscheint sie wie eine Abgesandte der Hölle, aber ihren Heizen vermag er nicht zu widerstehen. Die Mutter, die von dieser Schickung des Himmels die ersehnte Bekehrung erhofft, duldet das sträfliche Verhältnis, bis den Sohn selbst die Reue ergreift. Aus dem Haus, das ihm zur Stätte seines Lasters geworden ist, treibt es ihn in die läuternde Ruhe der Kirche. Im Gebet findet sich seine Seele wieder, aber das Bewusstsein der Sünde lastet schwer auf ihm. Innerlich gebrochen, gebeugt von dem Bewusstsein der Schuld, beschließt er, seinem Lieblingswunsch zu entsagen und ein reuiges Leben an der Seite seiner Mutter zu führen. Jeden Morgen, wenn noch die Nebelschleier über den Kanälen der Stadt lagern, sehen ihn die Leute mit ihr von der Kirche heimkehren, aber den stillen Schmerz, den der sanfte Blick der Mutter und die blassen Züge des Sohnes verbergen, vermögen ihre neugierigen Blicke nicht zu enträtseln.

5.

In Seelenkonflikte anderer Art führt der „Carillonneur" (1897) hinein. Wie für Hugues Viane, so wird auch für Joris Borluut, den „carillonneur de Bruges" (so sollte der Titel vollständiger lauten) das Bewusstsein der Zusammengehörigkeit mit Brügge zum Angelpunkt seines Daseins. Aus Liebe zur Stadt hat er das Amt des Glöckners angenommen. In den vordersten Reihen der Menge stehend, die sich auf dem Marktplatz vor dem Beffroi zusammengeschart hatte, um dem „concours des carillonneurs" beizuwohnen, hatte er mit wachsendem Unmut die kläglichen musikalischen Leistungen der an dem „concours" teilnehmenden Glöckner mitangehört. Der Gedanke, dass solchen ungeschickten Winden die Glocken, die zu dem Herzen der Stadt sprechen, anvertraut werden sollten, hatte ihn dazu getrieben, sich aus dem Zuhörerkreise heraus an dem Wettbewerb zu beteiligen. Sein Spiel hatte die lauschende Menge fortgerissen. Erst leise erklingend, wie ferne himmlische Musik, hatten seine „Noëls" die Herzen ergriffen. Dann waren die Akkorde des alten flandrischen Nationallieds „Lion de Flandre" machtvoll dahingebraust. Wie eine Erinnerung an ferne Zeiten und große Tage war es über die Menge gekommen, die, entblößten Hauptes, in die allen bekannte und doch mit neuer Freude vernommene Weise miteingestimmt hatte. Seit diesem ersten Erfolg, der ihm das Amt des Glöckners eingebracht hat, fühlt sich Borluut wie mit geheimem Zauber dazu berufen, durch die Stimme der Glocken zu dem Herzen anderer zu sprechen, und auch ihnen etwas mitzuteilen von der Seele der Stadt, die sich ihm in jahrelanger Betrachtung ihrer altertümlichen Häuser und Straßen erschlossen hat. Seitdem er zum ersten Mal das Glockenspiel gerührt, erscheint ihm sein Beruf wie ein Heiligtum. Der Glockenturm ist ihm eine vertraute Stätte geworden, in der er, sich in schwindelnder Höhe über die geliebte Stadt erhebend und den Blick in unendliche Fernen richtend, ganz seinen Träumen nachgehen kann. Wenn er zum Glockenturm emporsteigt, um seines Amtes zu walten, glaubt er sich der Sphäre des Irdischen entrückt. Er fühlt es, wie das, was ihn an seinen Beruf fesselt, nicht bloß die Neigung zur Musik und die Liebe zur Stadt ist, sondern zugleich der unbewusst in ihm lebende Drang zu einsamer Träumerei. Bei jedem Schritt, den er im Dunkel des Turms tastend vorwärts tut, schwebt das Gefühl, dass er sich über das Leben erhebt und zum Himmel emporsteigt, wie ein leuchtender Schein vor ihm her. Erst in der schwindelnden Höhe des Turmes fühlt er sich frei, der Unendlichkeit nahe. Unter ihm liegt die Stadt, aus der nur schwache Geräusche zu ihm empordringen. Zu ihr kehren seine Gedanken gern zurück. Es träumt sich so gemächlich, wenn ein leichter Nebel die Häuser umhüllt und sich wie ein Schleier über die Dächer und Kanäle ausbreitet und weit in der Ferne der Dunst des Meeres aufsteigt. Immer stärker kommt es ihm zum Bewusstsein, dass er diese Stadt liebt, und dass das, was er in ihr liebt, die stille Einsamkeit ihres vom geräuschvollen modernen Leben unberührten Daseins ist. Ihr ihren eigentümlichen Charakter zu erhalten, wird das Ziel seines Strebens. Er hat die Gabe, diesem Ziele nachzugehen. Nicht bloß, dass er in dem Spiel der Glocken stets wechselnde Klänge für seine inneren Gefühle, die er anderen mitteilen möchte, findet, er macht sich auch als Architekt bekannt, indem er die verfallenden Häuser der Stadt vor moderner Verunzierung rettet und ihnen eine dem ganzen Charakter des Stadtbildes entsprechende Ausbesserung zu geben weiß. Zuerst erprobt er seine Kunst an dem Haus seines Freundes Van Hulle. Das altertümliche Gebäude, in dem er jeden Montagabend eine kleine auserlesene Schar Gleichgesinnter zu treffen pflegt, ist ihm seitdem doppelt lieb geworden. Unter ihnen steht ihm der Maler Bartholomeus am nächsten. In ihm paart sich der Sinn für die Eigenart Brügges mit einem tiefen Verständnis für das Wesen und die Mission der Kunst. Bartholomeus, der für den Symbolismus der Brabanter Malerschule der Van Eyck, Memling und Massys schwärmt, fasst seinen Beruf in demselben Sinn wie Borluut auf. Bei allem, was er tut, steht auch ihm das Bild der Stadt vor Augen mit ihrem in gleichmäßigem Grau gehaltenen und doch in stetem Wechsel sich ablösenden, nie ermüdenden und unerschöpflichen Reichtum an Bildern. Diese Stadt stellt ihm die edelste sichtbare Verkörperung künstlerischer Vollkommenheit dar; sie zu malen ist die erträumte Krönung seines Strebens. Den Augenblick zur Verwirklichung seines Ideals glaubt er gekommen, als ihm von der Stadt die Herstellung eines Wandgemäldes für den Rathaussaal übertragen wird. Er will die ihm gewordene Aufgabe in seinem Sinne lösen und so zugleich dem alten Ruhm seiner Vorbilder ein neues Denkmal setzen.

In Borluuts beschaulichem Dasein tritt bald eine Wendung ein. Die Liebe erwacht in ihm. Der Turm ist daran schuld. In den gemächlichen Träumereien, zu denen seine versteckten Winkel einladen, hat er eines Tags die Glocken gemustert. Dabei ist ihm vor allem eine aufgefallen, deren lüsterne Szenen seine Aufmerksamkeit gefesselt und plötzlich das Verlangen nach Van Hulles Tochter Barbe in ihm wachgerufen haben. Eine rasche Gedankenverknüpfung – kaum dass er sich selbst Rechenschaft darüber ablegt – hat seine Betrachtungen von der Glocke hinweg zu dem Mädchen gelenkt: ein Blick auf ihre Inschrift hat ihn belehrt, dass sie eine Fremde unter den Glocken der Stadt ist, gerade so wie Barbe, mit ihrer Schwester Godelieve kontrastierend, in ihrer Erscheinung etwas Fremdländisches an sich trägt, einen Rest spanischen Blutes, das sich in die Adern einer flandrischen Familie verirrt hat. Borluut liebt Barbe nicht lediglich um ihrer selbst willen, sondern um des Turmes willen, der die Liebe zu ihr in seiner Brust geweckt hat. Zuerst schwankt sein Herz noch zwischen Barbe und ihrer anmutigen, echt flandrisch gearteten Schwester. Da gibt der Turm den Ausschlag zugunsten Barbes. Jedes Mal wenn er die steile Turmtreppe emporsteigt und seinen Blick auf jene Glocke fallen lässt, taucht in unvermeidlicher Gedankenverknüpfung die Erinnerung an Barbe in ihm auf, um ihn nicht mehr zu verlassen. Sie wird seine Frau. Gleichmütig, fast gleichgültig sieht sie der Vater scheiden, nachdem er in unvorsichtiger Übereilung Borluut die heimliche Neigung gestanden hat, welche Godelieve einst für ihn empfunden. Die Liebe zu Barbe nimmt Borluut für eine Zeitlang völlig in Anspruch. Sie lenkt seine Gedanken von der Stadt ab und entfremdet ihn fast den Träumereien, die ihm so vertraut geworden sind, und ruft das Bewusstsein eigener Lebenskraft und eigenen Lebensbedürfnisses in ihm wach. Aber bald setzt die erste Erschütterung ein, die ihn jäh in seine früheren Bahnen zurückschleudert. Barbes unverträgliches, hastig aufbrausendes Wesen bereitet ihm manchen bitteren Kummer. Je mehr er sich in seinen Hoffnungen auf eine glückliche Ehe getäuscht sieht, umso stärker erwacht wieder in ihm die Liebe zur Stadt, die er einsam durchwandert und von der Höhe seines Turmes zu seinen Füssen liegen sieht. Der Glockenturm wird wieder sein trautester Gefährte. Jeder Schritt, den er zu seiner Plattform emportut, entrückt ihn der Welt und dem klaren Denken und führt ihn zu sich selbst zurück in leichter,

der Ewigkeit zugewandter Träumerei. Das Bewusstsein, dass
er die Stadt liebt und durch den Klang der Glocken zu ihrer
Seele sprechen kann, hebt ihn über die Enttäuschungen seines Ehelebens hinaus. Aber der jähe Rückschlag bleibt nicht
aus. Ein Blick auf die Glocke, die ihm zuerst den Gedanken an
Barbe eingegeben; genügt, um ihn in die nüchterne Wirklichkeit zurückzurufen. Sich immer schroffer gestaltend, weitet
sich der Gegensatz zwischen der Liebe, die ihn an Barbe fesselt, und der Liebe, die er für die Stadt empfindet, schließlich
zu einem inneren Zwiespalt aus, der seine Seele zerreißt.

Ein neuer Konflikt tritt hinzu, der Borluut an der emp-
findlichsten Stelle trifft, in seiner Liebe zu Brügge. Ein paar
ehrgeizige Bürger haben den Plan gefasst, der siechen Stadt
durch den Bau eines Kanals, der den Anschluss an die See
vermitteln soll, neues Leben zuzuführen. In einem solchen
Beginnen vermag Borluut nur einen Frevel an der Heiligkeit
der Stadt zu erblicken, deren eigentümliches Gepräge mutwillig zerstört werden soll.

Die psychologische Entwicklung und Lösung dieses
doppelten Seelenkonflikts bildet die weitere Aufgabe des
Romans. Borluut hat nach zwei Seiten hin zu kämpfen, um
die Ideale seines Lebens zu wahren: gegen die immer schroffer hervortretende Entfremdung von seiner Frau und gegen
die immer kühneren Pläne und Machenschaften der Brügger
Bürgerpartei. In diesem doppelten Widerstreit findet er stets
neue Stärkung in der Selbstbesinnung, zu der ihn die geliebte
Stadt mit magischer Gewalt zwingt. In dem Maße, wie sich
die Konflikte verschärfen, sein seelisches Leiden steigernd,
gewinnt die Stadt maßgebenden Einfluss auf sein Gemüt.
Jetzt gehört er ihr wieder ganz an und lässt die Sprache, die
sie zu allen redet, welche ihr mit Verständnis nahen, auf sich
wirken wie eine himmlische Offenbarung.

Noch einmal tritt eine vorübergehende Entspannung
ein, die indessen nur eine neue Verschärfung des ehelichen

Zwistes vorbereitet. Der alte Van Hulle stirbt, und Godelieve siedelt in das Haus ihrer Schwester über. Bald kann sie ihre alte Liebe zu Borluut nicht mehr verheimlichen. Auch er liebt sie. Ihr Bild schwebt jetzt vor ihm her, wenn er den Turm besteigt, ihre Stimme glaubt er in dem Geläute der Glocken zu vernehmen. Wieder wird der Turm zur Stätte seines Träumens, wieder fühlt er sich dem Leben zurückgewonnen. Während seine Frau Brügge verlassen muss und in einem deutschen Bad Heilung von ihrem Leiden sucht, genießt Borluut in ungestörtem Zusammensein mit Godelieve schöne Tage des Glücks. Sein gequältes Gemüt lebt wieder auf. Die düstere Melancholie, die sonst zu Auge und Herz spricht, weicht noch einmal dem Gefühl der Lebensfreude, das ihn wie einst in der ersten Zeit seiner Ehe mit Barbe der Liebe zur Stadt entrückt. Die Liebe zu Godelieve drängt ihn auf eine Bahn hinaus, die ihn von dem geraden Weg nach dem Ideal seines Lebens abführt. Der Rückschlag bleibt nicht aus. Barbe kehrt zurück und merkt, was sich in ihrer Abwesenheit zugetragen hat. Sie entdeckt, dass das Verhältnis heimlicher Liebe zwischen Borluut und Godelieve auch noch nach ihrer Rückkehr weiterbesteht. Neue Zornausbrüche sind die Folge. Godelieve verlässt Brügge, um ins Kloster zu gehen. Tränenden Auges sieht er sie scheiden, auch sein Glück ist zerstört. Aber noch mehr erschüttern ihn die Vorgänge, die sich außerhalb seines Hauses abspielen, handelt es sich doch hier um das, was seinem Herzen am nächsten steht, um die geliebte Stadt selbst. Ehrgeizige Streber, die eine Rolle spielen wollen, Spekulanten und Kaufleute, die sich materiellen Gewinn versprechen, haben sich zu einer rührigen Partei zusammengeschlossen, die sich den stolzen Namen „Bruges-Port-de-Mer" beigelegt hat. Borluut muss es erleben, dass diese Partei mit immer besserer Aussicht auf Erfolg für das Kanalprojekt Propaganda macht. Den lärmenden Kundgebungen, denen die Brügger Bürger, durch ihre stille Stadt an die Ruhe des Daseins gewöhnt, zumeist teilnahmslos gegenüberstehen, hat Borluut nichts entgegenzusetzen als die Kraft der eigenen Persönlichkeit, seine Liebe zur Stadt, seine Bewunderung für ihre edle Schönheit. Der Öffentlichkeit seine Gedanken aufzudrängen hat er stets verachtet. Gedanken wollen innerlich gewonnen und nicht von außen aufgenötigt werden. Inmitten der Verwirrung und Verirrung trunkener Geister vermag nur einer seine Ideen ganz zu verstehen, das ist sein Freund, der Maler Bartholomeus, der immer noch an seinem Bild für den Rathaussaal arbeitet und in dieses Werk die ganze Liebe für seine teuere Stadt hineinlegen will. Borluut, der sich stets vom öffentlichen Leben ferngehalten hat und von Politik nichts versteht, vermag es nicht zu begreifen, wie man an die Heiligkeit des Schönen rühren und sich an der Seele einer Stadt vergreifen kann. Die Nutzlosigkeit seines Widerstandes sieht er erst ein, als eine öffentliche Versammlnng stattfindet. Es kommen nur wenige, aber die wenigen, die kommen, sind Parteigänger des Projekts. Die paar Gestalten verlieren sich in dem weiten, schlecht beleuchteten Saal. Das also war das „meeting-monstre", das die Plakate der „Ligue Bruges-Port-de-Mer" pathetisch angekündigt hatten; das waren die Leute, die Borluut durch die Macht seines Wortes zu überzeugen und zu gewinnen gehofft hatte. Den nüchternen Zahlenreihen und den aus niedriger Spekulationssucht geflossenen Darlegungen des Wortführers der Partei stellt er seine begeisterten Hinweise auf den wahren Charakter und die wahre Schönheit der Stadt gegenüber. All die Gedanken, die tief in seinem Innern leben, die er sonst nur sich und den schweigenden Mauern und dem hochragenden Glockenturm zu offenbaren pflegt, schüttet er hier mit zündender Beredsamkeit vor Leuten aus, in denen auch kein Funke eines Verständnisses für höhere Ideale lebt. Sein Wort verhallt ungehört. Das Projekt ist beschlossene Sache. Auch die Regierung stimmt ihm zu, und das Eintreffen dieser Nachricht wird von der Bürgerschaft durch einen Festzug gefeiert. Borluut erhält den Auftrag, ihn mit den Klängen des Glockenspiels zu begleiten. Mit sich selbst in bitterer Verzweiflung ringend, besteigt er den ihm so lieb gewordenen Turm. Wie anders ist es ihm doch jetzt zumute als damals, da er zum ersten Mal das Glockenspiel rührte und die Herzen der lauschenden Menge mit sich fortriss. Selbst die Stadt, deren bewegtes festliches Treiben aus der Tiefe der Straßen an sein Ohr schlägt, kommt ihm nun wie eine andere vor. Er sieht sich um das teuerste seiner Ideale betrogen. Denn diese Stadt, die er liebt, kann er nur so lieben, wie sie ist, und nicht so, wie sie werden soll. Er, der so manches Haus ausgebessert und als städtischer Architekt Gelegenheit genug gehabt hat, sich in die baulichen Eigenheiten und Schönheiten der alten Stadt einzuleben, weiß es selbst nur zu genau, dass jenes Projekt, das die Stadt verjüngen und zu neuem Leben erwecken soll, für sie nur Zerstörung und Tod bedeutet. Von allen Seiten stürmen die Enttäuschungen auf ihn ein. Das Amt des Architekten, das ihm einst das Vertrauen seiner Mitbürger übertragen, wird ihm genommen. Durch seine feindselige Haltung gegen das Kanalprojekt hat er sich bei der Stadtverwaltung unbeliebt gemacht. Neue Vorwürfe seiner Frau begleiten diesen Misserfolg. Sein einziger Gesinnungsgenosse, sein Freund Bartholomeus, sieht sich einer gleichen Enttäuschung ausgesetzt. Das Gemälde, das er endlich fertiggestellt hat, findet nicht den Beifall der Stadtvertretung, die ihm als Freund Borluuts misstraut. Die Leute sind zudem in ihrem philisterhaften Sinn nicht imstande, die Ideen des Malers zu begreifen und haben kein Verständnis für das wahre Wesen symbolistischer Kunst. Als schließlich die erregte Volksmenge Borluuts Haus zu zerstören sucht, ist sein Entschluss unwiderruflich gefasst. Er hat nichts mehr, was ihn an das Leben fesselt. Auch das Letzte und Höchste, die Stadt, ist ihm genommen. Er beschließt, seinem Dasein ein Ende zu machen und haucht seine Seele auf der Höhe des Turms aus unter der Glocke, die ihm einst den verhängnisvollsten Gedanken seines Lebens eingegeben hat, die Liebe zu Barbe.

6.

Der Gegensatz zwischen der alten ehrbaren Ruhe des Daseins und der allen Frieden zerstörenden Neuerungssucht liegt auch Rodenbachs nächstfolgendem Roman, „L'Arbre" (1898) zugrunde. Wir finden uns auf eine einsame Insel Seelands versetzt. Das kleine Völkchen, das hier wohnt, lebt in friedlicher Weltabgeschiedenheit dahin, treu den Sitten seiner Vorfahren. Inmitten der Insel steht ein Baum, in den die Verlobten nach alter Gewohnheit ihre Namen einzuschneiden pflegen. Auch Joos und Neele haben ihre Namen dort eingeschnitten. In kindlicher Liebe sehen sie dem Tag ihrer Hochzeit entgegen. Da kommen die Fremden auf die Insel, um eine Eisenbahn zu bauen. Ihr Erscheinen führt eine völlige Umwälzung in allen Verhältnissen herbei. Laster und Verbrechen halten ihren Einzug. Eines Tags hängt sogar ein Leichnam an dem geweihten Baum. Joos merkt bald, dass auch Neele nicht mehr die Alte ist. Seinen Liebesbeteuerungen hört sie zerstreut, fast unwillig, zu. Deutlich fühlt er, wie sich alles um ihn her verändert, wie den Fremden nichts mehr heilig ist, selbst nicht das Herz reiner Jungfrauen. Sein Dasein wird ihm unerträglich. Der Anblick des Erhängten, der ihm zuerst den Gedanken an ein gewaltsames Ende eingegeben hat, verfolgt seine gequälte Seele. Der Vorsatz, sich durch Selbstmord den unhaltbar gewordenen Zuständen und seiner stets wachsenden seelischen Pein zu entziehen, wird bei ihm zum unabänderlichen Entschluss. Er erhängt sich an der alten Eiche. Sein Tod entflammt den Zorn des Volks, das der treulosen Neele die Schuld zuschreibt. Nach alter Sitte wird ihr jeder Schmuck vom Leibe gerissen, die Eiche wird gefällt, ihre Zweige werden verbrannt, und nur der geschwärzte Stamm bleibt übrig als ewiges Wahrzeichen.

7.

Wie der „Arbre", so führen auch die unter dem Titel „Le Rouet des brumes" vereinigten nachgelassenen Novellen Rodenbachs (1901) fast alle aus Brügge heraus. Wie in dem „Musée de Béguines" haben wir es hier mit einer Reihe loser Skizzen zu tun, die, wenn überhaupt, innerlich allein durch eine düstere, nur selten von milderen Tönen durchbrochene Grundstimmung zusammengehalten werden. Aber diese Skizzen, so lose sie sich auch aneinanderfügen mögen, haben für die Kenntnis von Rodenbachs Gefühlsleben ein besonderes Interesse zu beanspruchen. Sie sind fast alle auf denselben Grundton gestimmt, weisen aber im Einzelnen eine solche Mannigfaltigkeit auf, dass in ihnen die ganze Einseitigkeit des Seelenlebens ihres Verfassers mit einer Stärke zum Ausdruck kommt, wie wir sie sonst nirgends in gleichem Grade in seinen Schriften wiederfinden. Ein Stimmungsbild aus Rodenbachs Grüblerdasein ist „Déménagement". Der Dichter trifft seine Vorbereitungen, um aus einer Wohnung, die er lange Jahre innegehabt hat, auszuziehen. Er durchwühlt noch einmal seine Briefschaften, die so manche Erinnerung in ihm wachrufen. In dieser Stimmung lenkt er seinen Blick auf das Haus gegenüber. Ein weinendes Gesicht erscheint am Fenster, Kränze und Blumen werden auf dem Balkon ausgebreitet; er merkt, dass ein junges Mädchen, das er als Erstkommunikantin oft hat ein- und ausgehen sehen, gestorben ist. Von dem bevorstehenden Umzug schweifen seine Gedanken zu der Beerdigung im Hause gegenüber: hüben wie drüben gilt es Abschied zu nehmen. Wehmütigen Blicks sieht er den Leichenwagen um die Ecke biegen. Als dann der Möbelwagen vorfährt, ist es ihm, als würde mit seinen von der derben Hand der Auszügler eingestauten Sachen ein Stück seines eigenen Lebens davongefahren. „L'Amour de la Mort" entwickelt in der Form einer Novelle die so oft in Rodenbachs Werken ausgesprochene Idee einer innerlichen, auf dem Gesetz des Kontrastes beruhenden, geheimnisvollen Zusammengehörigkeit von Tod und Liebe. Es ist die Idee, die auch in den „Couples du soir" und in „La ville" durchklingt. „Couples du soir" ist ein Stimmungsbild aus dem abendlichen Paris, „La ville" die Geschichte eines Ehepaars, das sich aus dem geräuschvollen Seinebabel in die Einsamkeit Brügges flüchtet, um hier ein neues Leben zu beginnen. Aber der Tod, der überall aus den Straßen und Häusern der düsteren Stadt, aus der Verlassenheit ihrer Kais und selbst aus dem Glockenspiel des Markthallenturms spricht, erweist sich stärker als die Liebe. Ihre Neigung schmilzt unmerklich dahin inmitten der Ansteckung des Todes, der alles unterliegt: die Macht der Dinge triumphiert über den Willen der Menschen. Mehr noch als in den genannten Skizzen tritt in „Suggestion" die echt Rodenbachsche Psychologie mit ihrer ganzen einseitigen, elementaren Wucht zutage. Ein Maler ermordet seine Frau. Aus der Überspanntheit impressionistischen Gefühlslebens heraus soll begreiflich gemacht werden, wie der Mordplan in der Seele des Malers gereift ist: nicht als Resultat langer Überlegung, sondern als Ergebnis eines plötzlichen Entschlusses, unter dem zwingenden Eindruck äußerer Umstände. Nach einem Streit mit seiner Frau ist der Maler ins Freie hinausgewandert, und dort, in der Dunkelheit und Einsamkeit, sieht er einen Zug vorbeifahren. „Dans le soir déjà noir, un train, noir aussi. Il passa avec un bruit de désastre, poussant un cri déchirant. Moi, je ne remarquai qu'une seule chose: la lanterne au-devant de la locomotive.

Elle était rouge, d'un rouge affreux comme une blessure fraîche, une blessure ronde et énorme ...La nuit parut une blessée. C'était du sang, cette grande tache rouge! Oui! la plaie saignait, mais à peine; le sang se caillait; puis soudain il sembla que le sang de cette lumière débordait; la plaie rouge s'agrandit, se rapprocha, éclaboussa mes yeux, mes mains, tout mon corps, toute la campagne. Plaie immense! Est-ce que la nuit allait mourir? Or, à la même seconde, je conçus l'idée du meurtre. Aussitôt, je perçus que j'avais assez souffert, que ma femme était trop acariâtre vraiment, et trop cruelle! En même temps je la revis – elle que la campagne me faisait oublier – mais ayant, sur elle aussi, une tache comme la lanterne de la locomotive. La lumière rouge m'achemina tout de suite au sang. Equation instantanée! Je vis déjà la blessure, pareille au disque grandissant ...l'instant d'auparavant, ce crime m'aurait semblé impossible; il m'apparut inévitable et imminent, d'ailleurs ..."

In einer anderen Gruppe von Novellen spielt die Darstellung irgendeiner absonderlichen, fast ans Krankhafte streifenden Idee eine Rolle. In „Le chasseur des villes" ist es die auf der Neigung zur Identifizierung beruhende Herleitung der merkwürdigen Gewohnheit eines Mannes, den Frauen auf den Straßen nachzuschleichen wie der Jäger dem Wild im Walde – ein Motiv, das auch in „L'idéal" vorliegt; in „Une passante" ist es die Furcht vor Enträtselung eines Geheimnisses; in „L'accomplissement" ist es der krankhafte, zum Ausbruch des Wahnsinns führende Wunsch eines verarmten, altgewordenen Mädchens, sich zu verheiraten; „L'ami des miroirs" (die Geschichte eines Freundes, der durch den Gedanken, dass sich in den Spiegeln, die sein Bild in sich aufnehmen, ein geheimer Zauber birgt, zur geistigen Umnachtung getrieben wird) ist die psychologische Entwicklung der These: „La folie, parfois, n'est que le paroxysme d'une sensation qui, d'abord, avait une apparence purement artistique et subtile".

In buntem Wechsel ziehen weiter an uns vorüber: „L'inconnu", aus dem Leben einer Dorfirren, „Les chanoines", voll bitterer Ironie über das unkirchliche Leben eines Bischofs, „L'idole", ein Blick in die Gedankengänge einer schönen, allein auf die Erhaltung ihrer Figur bedachten Frau. „Curiosité" schildert, wie ein Leichenkutscher Widerwillen gegen seinen Beruf bekommt. „Un soir", dem Leben Baudelaires entlehnt[25], ist eingegeben von der Bitterkeit, mit der ein sich verkannt fühlender Dichter an der seiner Kunst feindlichen Menge Rache nimmt, indem er einen harmlosen Kohlenhändler ins Verderben stürzt. „L'amour des yeux" ist die Geschichte eines armen Mädchens, das einen Matrosen liebt. In der Liebe zu seinen Augen geht ihre ganze Neigung zu ihm auf. Aber der Matrose lässt seine Geliebte treulos im Stiche. Eines Tages wird er als Leiche aus dem Wasser gezogen. Seine Augen schließen sich nicht. Das unglückliche Mädchen sieht sich selbst in ihnen spiegeln. „Les grâces d'état" enthält ein Stück Seelenleben einer Frau, deren Gatte Selbstmord begeht, weil er sich mit seinen schriftstellerischen Arbeiten verkannt glaubt und auf Ruhm nach seinem Tode hofft. Sie hütet seine Manuskripte und will sie veröffentlichen in der Hoffnung, den ersehnten Ruhm zu ernten, aber bald verheiratet sie sich wieder, vernichtet die Manuskripte und wendet sich schließlich ganz von der Erinnerung an ihren ersten Gatten ab.

In dieses Gemisch sind Novellen anderen Charakters eingestreut. Die reizende Novelle „Hors saison", ferner „Le cortège", eine niedliche kleine Erzählung, die man versucht wäre, nach Brügge zu verlegen: die Geschichte eines jungen Mädchens, das als einzigen Rest einer verlorenen Liebe noch ihren Verlobungsring aufbewahrt in der stillen Hoffnung auf die Wiederkehr des Verlobten, dann aber diesen Ring einer

---

25   Vgl. „L'Elite", S. 23. 24.

frommen Spende zum Opfer bringt und erst so ihre Liebe überwindet; „Buis bénit", das sich wie ein Nachklang zu dem „Musée de Béguines" liest, „L'orgueil", die Geschichte vom hoffärtigen flandrischen Grafen, die wie ein Märchen anmutet. In „Presque un conte de fées" ist trotz der märchenhaften Einkleidung die leichte Spitze nicht zu verkennen: die Muse, die mit ihrem Gefolge edler Schwäne durchs Land zieht, sieht sich überall höhnisch zurückgestoßen, nur der arme Dichter gewährt ihr Aufnahme, wofür sie ihm das Geheimnis ihrer Kunst enthüllt. Und schließlich „Un inventeur", die lustige Geschichte eines eingebildeten Kranken, der in seiner Wohnung unter dem Lärm der übrigen Hausbewohner zu leiden hat und sich nun an die Erfindung einer schallableitenden Vorrichtung macht, eine Arbeit, die ihn so in Anspruch nimmt, dass er nichts mehr von dem, was um ihn her vorgeht, gewahr wird.

8.

Rodenbachs Auffassung des menschlichen Seelenlebens, wie sie durch das Mittel des Romans zur Darstellung kommt, hat bei aller Tiefe doch etwas stark Einseitiges an sich, aber sie spiegelt darin nur sein eigenstes inneres Wesen in der ganzen eigentümlichen Art seiner Gestaltung. In seinen Romanhelden hat er das beste Stück seines Selbst objektiviert; er hat ihnen seine düstere Weltanschauung aufgeprägt und die Liebe zu Brügge, die in ihm selbst lebt, zum treibenden Motiv ihrer Handlungen erhoben. Bis in kleine Züge hinein hat er sein Schicksal mit dem seiner Helden identifiziert. Eine Stelle wie die folgende – sie betrifft Jean Rembrandt – liest sich wie eine Seite aus Rodenbachs eigenem Leben: „Après cela il partit pour Paris, sous prétexte de compléter ses études de droit par les leçons et l'exemple des maîtres de la parole française.

Mais, en réalité, il fréquenta moins le barreau que les théâtres, collabora à des revues, approcha les écrivains célèbres, récita ses vers dans des réunions frémissantes de jeunes artistes ... Cependant, tout ébloui par la grande ville, il eut parfois des heures de spleen; naïf et timide, avec sa nature de Flamand un peu mystique, il se sentit pris de peur devant cette ville tumultueuse ... Il y a ainsi un instinct supérieur qui toujours nous ramène; on ne s'arrache pas au giron familial, au logis de sa jeunesse, à la terre du pays. On est comme attaché à ces choses: plus on s'éloigne, plus la chaîne est tendue et plus on s'y sent attiré."

Das Fühlen und Denken, das Rodenbach in seinen Helden verkörpert, geht ganz in einem engen Kreis bestimmter Vorstellungen auf, die er in stets erneutem Durchleben zu vertiefen strebt. Daher die mannigfache Abstufung seiner Charaktere bei aller überraschenden Einheitlichkeit der psychologischen Zeichnung, daher auch die Vorliebe für gleiche oder ähnliche, mit unterschiedlicher Intensität dargestellte Motive.

Der ganze Reichtum seiner einseitigen Gefühlswelt entfaltet sich vor uns. Wir sehen deutlich, wie sich seine Gefühle in harmonischer Einheitlichkeit nach großen Gesichtspunkten gliedern, und wie für die Richtung, in der sich diese Gliederung vollzieht, die stete Beeinflussung von maßgebender Bedeutung ist, welche das Bild Brügges auf seinen Anschauungs- und Ideenkreis ausübt. Das tief innerlich empfundene Bewusstsein seelischer Verwandtschaft, das ihn mit der geliebten Stadt verknüpft, befähigt ihn dazu, all die Stimmungen, die sie in ihm auslöst, für seine Romane zu verwerten.

Es ist nicht Rodenbachs Art, die Personen, an deren Wesen und Schicksal er seine Ideen entwickelt, psychologisch zu differenzieren. Statt eine Vielheit verschiedenartiger Charaktere zu schaffen, hat er seine Kunst dareingesetzt, ein und denselben Grundtypus zu variieren. Alle seine Romanhelden tragen die gleichen Züge: sie sind einseitig gefühlsmäßig veranlagte Naturen, in denen keine Spur berechnender Klugheit lebt; sie schließen sich künstlich gegen alle Regungen ab, die außerhalb ihrer eigenen Seele bei anderen vorgehen; sie bauen sich die Welt ihrer Gefühle in sich selbst. Mit großer Feinheit hat Rodenbach die Tiefe ihres Innenlebens geschildert und die Fülle seelischer Regungen dargelegt, die sie mit stets sich erneuerndem Zauber zu den Dingen der Außenwelt, wie zu einer sichtbaren Verkörperung ihres eigenen Seelenlebens, hinführen. Die Welt der umgebenden Dinge wird seinen Menschen zu einem großen, ihr ganzes Innenleben umfassenden Symbol.

Seinen Sinnen, die sich in die Dinge versenken, um Seelisches zu entdecken, erschließen sich vielverschlungene und geheimnisvolle Analogien. In den Türmen der Stadt sieht er sich den Geist eines ganzen Volkes verkörpern, aus dem Klang der Glocken hört er eine Musik seelischer Regungen heraus. Die alten Häuser, die leeren Straßen und die verlassenen Kanäle werden ihm zu einem Sinnbild verfallener Größe und entschwundenen Lebens. Das Friedliche, das diesen Straßen- und Stadtbildern innewohnt und dem altertümlichen Béguinage ein ehrwürdiges, idyllisches Aussehen verleiht, löst die Melancholie der Stimmung aus, die in allen seinen Romanhelden lebt. Cadzand empfindet immer aufs Neue den Zauber, den die fromme Stadt auf sein Gemüt ausübt. Jean Rembrandt wie Hugues Viane durchwandern allabendlich die Straßen, um in ihrer Stille Analogien für ihren eigenen Schmerz zu suchen und neue Nahrung für ihre Träumereien zu finden. Der lichte Schleier des sinkenden Tags, der matte Schein der ersten Straßenlaternen ist ihnen die liebste Hülle für das leichte Spiel ihrer Gedanken. Auch Joris Borluut unterliegt derselben Stimmung, auch er liebt die Häuser und Straßen, auch er liebt das gemächliche Träumen in ihrem Bann, aber über alles das geht ihm die Liebe zu dem gewaltigen Turm, dessen Glockenspiel ihm anvertraut ist. Auch die Türme der Stadt reden ihre Sprache, sie gemahnen an frühere Größe, sie weisen himmelwärts. Der Gedanke, dass der Mensch über das irdische Dasein hinausstreben soll, gewinnt in ihnen eine greifbare Verkörperung. Das ist die Idee, die in Joris Borluut lebt. Jedes Mal wenn er seinen geliebten Turm besteigt, fühlt er sich dem menschlichen Leben entrückt und dem Himmel näher gebracht, und wenn er dann wieder in die Tiefe herniedersteigt, fühlt er deutlich jeden Schritt ins Leben. Auf dem Bewusstsein innerer Seelengemeinschaft mit dem Turm beruht sein Idealismus. Der Turm bestimmt seine Auffassung vom Leben, er verkörpert für ihn den Drang, sich über die Erde zu erheben, er verknüpft sich mit allen seinen Schicksalen. Von ihm geht der erste Anstoß zu seiner Liebe zu Barbe aus. Die regelmäßige Besteigung der schwindelnden Höhe, der sich ihm immer klarer ergebende Einblick in seinen geheimen inneren Mechanismus und in die verwickelte Konstruktion seines Glockenspiels wird für ihn ein ständig sich erneuernder Akt innerer Einkehr. Demgegenüber ist seine Liebe zu Godelieve und noch mehr seine Liebe zu Barbe nur von nebensächlicher Bedeutung. Sie gewinnt, gerade wie Vianes oder Rembrandts Liebe, erst durch die Beziehung zu der Liebe zu Brügge ihren rechten Inhalt. Die Liebestragödien, die Rembrandt, Viane und Borluut durchleben, geben nur die Vorgänge und Situationen ab, in die Rodenbach die Liebe seiner Helden zur Stadt umdeutet. Für Hugues Viane zumal ist die Stadt die Verkörperung und Quelle seines tiefsten Seelenlebens, sie allein vermag ihn zur Selbstbesinnung zurückzuführen und es ihm zum Bewusstsein zu bringen, dass ihm die Lebende das Bild der Toten vorgetäuscht hat und das wahre Bild der Toten nur in der toten Stadt zu finden ist. Auch in „L'Art en exil" steht die Idee, die zwischen Seelischem und Körperlichem waltenden Analogien für die Begründung des menschlichen Lebensschicksals zu verwerten, im Mittelpunkt des Romans. Auch Jean Rembrandt sieht in der Stadt das eigene Innenleben verkörpert, auch er holt sich bei ihr Rat und zieht sich, als die eigene Lebenskraft zu versiegen beginnt, in dumpfem Hinbrüten in die stille Betrachtung seines Leidens, das sich ihm mit dem erstarrten Leben von Brügge identifiziert, zurück, aber die Verknüpfung der Stadt mit allen solchen Momenten innerer und äußerer Art tritt in dieser, an der Schwelle der Rodenbachschen Romankunst stehenden Leistung noch mit geringerer Intensität zutage als in dem „Carillonneur" und in „Bruges-la-Morte",zumal in dem letzteren Roman, der überhaupt, den umfangreicheren „Carillonneur" übertreffend, den Höhepunkt Rodenbachscher Romankunst darstellt.

Sein Innenleben in die Form des Romans zu bringen war das Endziel seiner Romankunst. Dazu bedurfte er keines umständlichen Aufwandes technischer Mittel, sondern allein der Gabe, die rechten Stimmungen zu wecken. Rodenbach hat sich ihrer mit meisterhaftem Geschick bedient. Weitschweifige Schilderungen und Beschreibungen äußerer Dinge sind seiner Kunst zuwider. Sofern er überhaupt zur Schilderung greift, tut er es nur in der Form der raschen Zeichnung. So geschieht es, wenn er gleich im Eingang seines „Carillonneur" ein Bild des Marktplatzes von Brügge entwirft, auf dem sich die Menge in Erwartung des „concours des carillonneurs" zu versammeln beginnt: „La Grande Place de Bruges, ordinairement déserte, traversée par de rares passants, des enfants pauvres à la dérive, un peu de prêtres ou de béguines, s'imagea soudain de groupes indécis, d'îlots noirs tachant l'étendue grise. Des rassemblements se formaient ... Pourtant ceux de la ville et des faubourgs étaient accourus, les pauvres comme les riches, pour assister au concours. Les fenêtres étaient garnies de curieux, et aussi les gradins qui flanquent de fins escaliers les pignons de la Grande Place. Celle-ci apparaissait bariolée, joliment frémissante. Le lion en or de l'hôtel de Bouchoute étincelait, tandis que la vieille façade où il s'accroche carrait ses quatre étages, ses briques enluminées. En face, le Palais du Gouverneur opposait ses lions de pierre, gardiens héraldiques du vieux style flamand, qui avait reconstruit là une belle harmonie de pierres grises, de vitraux glauques et de sveltes pinacles. Sur le palier de l'escalier gothique, se tenaient, couverts d'un dais cramoisi, le Gouverneur de la province, les échevins, en tenue officielle et chamarrures, afin d'honorer cette cérémonie liée aux plus antiques chers souvenirs de la Flandre ..." Wenn er dann im Zusammenhang mit dieser Schilderung des bewegten Treibens, dessen Schauplatz der Markt ist, mit unverkennbarer Freude an dem bunten Lichtspiel den Beffroi schildert, wie er noch im vollen Glanz des sinkenden Tags erstrahlt, während die übrigen Gebäude des weiten Platzes schon in Dunkelheit gehüllt sind, so leitet ihn die Absicht, von vornherein die Aufmerksamkeit der Leser auf den Turm zu lenken, der wie eine handelnde, seelisch begabte Person inmitten des Romans dasteht. Rodenbach gibt keine Schilderung um der Schilderung willen, keine Beschreibung, die in eine Unmasse von Einzelzügen auseinanderfließt; er gibt allein in der Einheitlichkeit und Einseitigkeit seiner Gefühlswelt wurzelnde Stimmungsbilder, in denen er Gedanken und Gefühle seiner Helden auf engem Raum zusammendrängt. Er will den verschiedenen Stadien seelischer Entwicklung, die seine Helden durchleben, durch die Beziehung zu den äußeren Dingen plastische Formen leihen. Wie er das Innenleben seiner Helden in die Dinge hineinspiegelt, so sucht er andererseits das Gedankliche – man könnte fast sagen – räumlich zu versinnbildlichen. Die Gedanken hören für ihn auf, Abstraktionen zu sein, sie treten in die engste Beziehung zu den umgebenden Dingen. In ihnen verankert er die Ideenwelt seiner Helden, indem er ihr ganzes Dasein von vornherein mit der Stimmung in Zusammenhang bringt, welche von Brügge ausgeht.

65

Die Stadt ist für Viane die äußerlich sichtbare Verkörperung seines Schmerzes, für Borluut ist sie das Ideal, dem sein ganzes künstlerisches Streben gehört, für Rembrandts träumerisches Poetendasein, für Cadzands frommen Wahn ist sie ein gleichgesinnter und gleichgestimmter Gefährte.

Überall verquickt Rodenbach das beschreibende Element mit dem seelischen; das Körperliche wird durchgeistigt. Die Schilderung der alten Brügger Häuser mit ihren baulichen Sehenswürdigkeiten und Besonderheiten flicht er in die Darlegung der künstlerischen Gedanken und Pläne Borluuts ein. Die Beschreibung des Markthallenturms, auf die er noch wiederholt im Lauf seines Romans zurückkommt, wird zur Schilderung der Gefühle des zu seiner Plattform emporsteigenden Glöckners, die Wanderung durch das komplizierte Innere des Turms gestaltet sich zu einer Wanderung, die uns durch Borluuts Seele hindurchführt. Die Schilderung der in friedlicher Ruhe daliegenden Stadt wird in die Schilderung der Seelenstimmung der sie durchwandernden Romanhelden getaucht. Wir kehren mit Madame Cadzand und ihrem Sohn aus der Kirche zurück und treten mit ihnen ihre sonntäglichen Spaziergänge an; wir begleiten Rembrandt und Viane auf ihren abendlichen Wanderungen durch die Straßen an den Kanälen und Kirchen vorbei; wir blicken mit Borluut von der Höhe des Turms auf die schweigende Stadt hernieder und steigen mit ihm in die einsamen Straßen hinab, die uns zu Van Hulles Haus in der engen „Rue des Corroyeurs Noirs" führen. Wir betreten, Vianes alter Magd, Borluut oder Rembrandt folgend, das Béguinage, wir suchen mit Borluut und Godelieve den „Lac d'amour" auf und durchstreifen mit Viane die öden Außenviertel mit ihren armseligen Wohnstätten. In stets wechselndem Zusammenhang, von immer neuen Seiten und doch immer wieder in der einseitig-melancholischen Grundstimmung, die seiner ganzen künstlerischen Erfassung anhaftet, hat es Rodenbach verstanden, das

Bild der Stadt in die Situationen der Handlung einzufügen und die äußeren Dinge mit den inneren Vorgängen in der Seele seiner Helden zu verschmelzen. Seine Darstellungskunst ist die der alten Meister seiner flandrischen Heimat, eines Jan van Eyck und Memling. Während Camille Lemonnier, Emile Verhaeren (man denke hier in erster Linie an die „Flamandes"), Georges Eekhoud und Eugène Demolder die glänzende Farbenpracht eines Rubens, Jordaens oder Téniers in ihrer Schilderung nachahmen und auf kräftige Farbenwirkungen hinarbeiten, sucht Rodenbach durch eine von grellen Lichteffekten und allem Pathos freie, leicht zerfließende, matte Grundfarbe eine Einheitlichkeit der Stimmung zu wecken. Hier berührt er sich am nächsten mit Maurice des Ombiaux, Louis Delattre und Charles Van Lerberghe.

Mit welcher Feinheit der Kunst er im Einzelnen verfährt, möge die folgende Stelle dartun, die dem Anfang der ersten Novelle des „Musée de Béguines" entnommen ist: „Le printemps avait reverdi le site de banlieue où s'isole le Béguinage de Bruges. Sœur Ursule, a la fenêtre de son petit couvent, regardait dans les ormes du terre-plein les branches munies de jeunes feuilles se mouvoir lentement dans la douce brise comme des gestes de nouveau-nés qui se déplient. La pelouse était d'un vert neuf. Et les portes des cloîtres alignés d'un vert de prairie aussi, qui correspond. Mais tout le reste apparaissait blanc dans l'enclos, comme si, seul, le vert, parce qu'il est la couleur de l'espérance, eût pu être admis avec la couleur de l'innocence: murs au badigeon clair se prolongeant tout autour comme des bancs de Sainte Table; et ces rideaux de tulle immaculés, aux vitres: vraiment des layettes de lis, et quelques Béguines circulant çà et là, dans l'envol calme de leurs cornettes, sœurs des cygnes des longs canaux, déplaçant a peine un peu da silence, comme eux-mêmes, en nageant, déplacent à peine un peu d'eau. Sœur Ursule était à l'unisson de ces blancheurs, toujours pâle, d'un ivoire qu'on eût cru influencé par sa coiffe, si blanche. Visage au teint mat désormais, comme le lis qui est exsangue. Orpheline de bonne heure, ayant passé son enfance dans un couvent d'Ursulines avant d'entrer au Béguinage, la religieuse, si jeune encore, se trouvait sans souvenir de foyer, sans voix d'autrefois, hélas! Et, d'avoir toujours vécu ainsi avec des étrangers, elle était pleine de choses qu'elle n'avait pas dites. Mais sans nulle mélancolie! N'est-ce point un parallèle exemple de silence qui lui venait du pacifique enclos, dans lequel les pas d'eux-mêmes s'assourdissent sur le pavé, comme si c'était partout l'église et le prolongement de celle-ci hors d'elle-même en ce jardin de mysticité qui l'entoure, où se propage le bruit des cantiques, où l'encens contagieux répand des méandres diminués et s'éternise en sachet invisible dans l'air ...Or, pour rendre plus perceptible et vaste ce silence mystique, afin d'en faire la preuve pour ainsi dire, tombait incessamment quelque sonnerie arrivant exténuée des lointains clochers innombrables de Bruges qui sans cesse tintent, charpie de musique éparpillée, son à son, comme fil à fil ... Sœur Ursule était heureuse. Elle vivait selon l'heure et le site, de plus en plus à l'image et à la ressemblance du Béguinage, sa petite âme accueillant les fins de son de cloches, devenue à son tour un enclos de Quentin Metzys tendu de rideaux clairs qu'attachent des rubans bleu pâle d'encens perdu."

Besonders an den entscheidenden Wendepunkten der Handlung können wir beobachten, wie Rodenbach die Stimmungen seiner Helden in die Dinge hineinspiegelt und Seelisches mit Körperlichem zu einheitlicher Gesamtwirkung verbindet. Es genüge auf jene Stelle in „Bruges-la-Morte" zu verweisen, wo Hugues Viane das Bedürfnis empfindet, sich über die wahre Natur seiner Liebe zu Jane Rechenschaft abzulegen. Er fühlt deutlich, wie das, was ihn zu ihr hinzieht, das Bewusstsein der Ähnlichkeit ist, die zwischen ihr und seiner verstorbenen Frau waltet und in dem Bilde der Stadt

äußerlich sichtbar zutage tritt. Er kann von dem überwältigenden Eindruck, den das graue Einerlei ihrer Häuser und
Straßen auf sein melancholisches Gemüt macht, nicht wieder
loskommen. Mit dämonischer Gewalt fesselt ihn seine ganze
seelische Verfassung an das gleichgestimmte Bild der Stadt:
„Mélancolie de ce gris des rues de Bruges où tous les jours
ont l'air de la Toussaint! Ce gris comme fait avec le blanc des
coiffes de religieuses et le noir des soutanes de prêtres, d'un
passage incessant ici et contagieux. Mystère de ce gris, d'un
demi-deuil éternel! Car partout les façades, au long des rues,
se nuancent à l'infini: les unes sont d'un badigeon vert pâle
ou de briques fanées rejointoyées de blanc; mais, tout à côté,
d'autres sont noires, fusains sévères, eaux-fortes brûlées dont
les encres y remédient, compensent les tons voisins un peu
clairs; et, de l'ensemble, c'est quand même du gris qui émane,
flotte, se propage au fil des murs alignés comme des quais. Le
chant des cloches aussi s'imaginerait plutôt noir; or, ouaté,
fondu dans l'espace, il arrive en une rumeur également grise
qui traîne, ricoche, ondule sur l'eau des canaux. Et cette eau
elle-même, malgré tant de reflets: coins de ciel bleu, tuiles
des toits, neige de cygnes voguant, verdure des peupliers du
bord, s'unifie en chemins de silence incolores. Il y a là, par
un miracle du climat, une pénétration réciproque, on ne sait
quelle chimie de l'atmosphère qui neutra-lise les couleurs
trop vives, les ramène à une unité de songe, à un amalgame de
somnolence plutôt grise. C'est comme si la brume fréquente,
la lumière voilée des ciels du Nord, le granit des quais, les
pluies incessantes, le passage des cloches eussent influencé,
par leur alliage, la couleur de l'air – et aussi, en cette ville
âgée, la cendre morte du temps, la poussière du sablier des
années accumulant, sur tout, son œuvre silencieuse[26]." Diese
Schilderung des Grundtones der Stadt führt, wie überhaupt

---

26   „Bruges-la-Morte" S. 43.

Rodenbachs Schilderungen, auf eine überragende Höhe der Betrachtung hinauf; in ihr kommt zugleich der Durchbruch derjenigen Stimmung zum Ausdruck, deren er bedurfte, um die sich in bunten Strahlen zersplitternden Gefühle wie in einem Brennpunkt zu sammeln und in neuer Richtung weiterzuleiten. Für Rodenbach sind die Schilderungen eben etwas anderes als Beschreibungen äußerer Dinge, sie sind Stimmungsbilder, die das menschliche Innenleben in harmonischer Verquickung mit der den Dingen innewohnenden Seele spiegeln und, indem sie Höhepunkte in dem Seelenleben der Helden darstellen, zugleich auf die Gipfel der Handlung hinaufführen.

III.

Der ausgedehnten Tätigkeit, die Rodenbach auf dem Gebiet des Romans entfaltet hat, stehen bescheidene Leistungen auf dramatischem Felde gegenüber.

Eine dichterische Arbeit für die Bühne sagte ihm nur wenig zu. Die dramatische Kunst stellt Anforderungen an den Dichter, denen sich eine in sich zurückgezogene Natur seines Schlages nicht leicht anpasst; in stärkerem Maße als die auf die Buchform angewiesenen Produktionen des Romans und der Lyrik hat sie ein Hervortreten des Dichters vor die Öffentlichkeit zur Voraussetzung, indem sie die Objektivierung seiner Kunst in der Form szenischer Darstellung verlangt.

Von den beiden Dramen, die Rodenbach geschrieben, ist nur das erste, „Le Voile", dem Publikum durch eine Aufführung auf dem „Théâtre Français" am 21. Mai 1894 zugänglich geworden, während das andere, „Le Mirage", in seinem Nachlasse gefunden und erst nach dem Tod des Verfassers im Jahre 1901 herausgegeben worden ist. Es enthält nichts weiter als eine Dramatisierung des Romans „Bruges-la-Morte", die sich bis in die Wahl des sprachlichen Ausdrucks hinein an ihr Vorbild anlehnt und für eine Würdigung von Rodenbach als Dramatiker darum von selbst ausscheidet[27].

Der in Versen geschriebene Einakter „Le Voile", den wir als die einzige, bewusst dramatisch gewollte Leistung Rodenbachs anzusprechen haben, spielt in Brügge in dem altertüm-

---

27 Die wenigen Änderungen, wie die Geisterszene des 3. Aktes oder die Einführung der mit der Rolle Borlunts verquickten nebensächlichen Intrige, fallen nicht weiter ins Gewicht.

lichen Haus, in dem Jean mit seiner betagten Tante ein einsames Leben führt. Die Pflege der Schwererkrankten hat eine Begine in das stille Haus geführt. Jean gewöhnt sich bald an das tägliche Zusammensein mit ihr und findet an der frommen Erscheinung, die ihm wie ein rätselhaftes Wesen entgegentritt, Gefallen. Der für alles Geheimnisvolle schwärmende Träumer beginnt sie zu lieben, aber in seine Liebe mischt sich ein Zweifel: er weiß nicht, ob er sie um ihrer selbst willen liebt oder um des geheimnisvollen Zaubers willen, der von ihr ausströmt und ihm den Wunsch eingibt, die Farbe ihres unter der Beginenhaube verborgen gehaltenen Haares zu enträtseln. Das Geheimnis, das sich wie ein Schleier über seine Sinne lagert, zerreißt jäh in dem Augenblick, wo sie ihm, plötzlich zur Sterbenden gerufen, mit aufgelöstem Haar entgegentritt. Tränenden Auges, gebrochen von dem Schmerz um den Tod der einzigen, die ihm auf der Welt nahegestanden, sieht er sie scheiden.

Das ist eine Lösung so recht nach Rodenbachs Art, wenn von einer Lösung überhaupt die Rede sein soll. Wir haben hier kein Drama vor uns, das sich mit den landläufigen Begriffen von dramatischer Kunst deckt, sondern die Darstellung eines Seelenkonflikts, wie ihn nur Naturen durchleben können, die sich ganz ihren Träumereien hingeben und darüber die Klarheit des Denkens einbüßen. Die bezaubernde Macht des Geheimnisses ist ein echt Rodenbachsches Motiv. Es hat seine krasseste Ausprägung in der Novelle „Une passante" gefunden. Seine Übertragung auf das dramatische Gebiet konnte nur ein Dichter wagen, der ganz einseitig in mystischer Versenkung in die unergründlichen Tiefen des Geheimnisvollen aufging. Was Rodenbach will, ist allein die Erregung einer das menschliche Innere in Schwingungen versetzenden Spannung. Er bedient sich desselben Mittels, das einige Jahre zuvor zum ersten Male Van Lerberghe in seinen „Flaireurs" (1889) und dann mit glücklicherer Hand der kühnste unter

72

den symbolistischen Dramatikern, Maurice Maeterlinck, auf der Bühne erprobt und in seinem „Intruse" zu wirkungsvollster Anwendung gebracht hatte: einer alle überlieferten dramatischen Effekte missachtenden, allein seelische Schauer weckenden Stimmungskunst. Maeterlincks Vorbild folgend, arbeitet Rodenbach weder den Gang der Handlung, noch die Charaktere, sondern allein die Stimmungswelt seiner Helden heraus. Mit besonderer Feinheit schildert er die einseitige Ausprägung von Jeans Gefühlsleben; hier wie so oft, sucht er ihr dadurch eine erhöhte Wahrscheinlichkeit zu verleihen, dass er sie als eine Folge des Eindrucks darstellt, den der Zauber der Stadt auf ein empfängliches Gemüt ausübt. Die schweigenden Straßen und Kanäle, die fromme Stimmung, die von Kirchen und Klöstern ausgeht, der Glockenklang, der von den hohen Türmen der Stadt herniederfällt, alles das gibt Jeans Gefühlsleben seine eigentümliche Richtung. Die äußeren Vorgänge treten vor dem Seelischen zurück. Die Handlung wird zum Stimmungsbild, in dem sich des Dichters eigenstes Innere spiegelt. Der dramatische Dialog erhebt sich zur lyrischen Diktion. Für Rodenbach bildet die literarische Gattung nun einmal keine Schranke. Dramatische und lyrische Kunst gehen in unmerklichem Übergang ineinander über. Sie fließen beide aus derselben Quelle, der seelischen Bewegung, die in dem Menschen lebt und bald in dieser, bald in jener Form in die Erscheinung tritt.

IV.

Der Entwicklungsgang, den Rodenbach als Lyriker durchlaufen hat, spiegelt ein Stück modernfranzösischer Literaturwandlung in sich: aus der Nüchternheit parnassischer Dichtung heraustretend, wendet er sich einer stark gefühlsmäßig gehaltenen Lyrik zu, deren Vorbilder die Romantiker waren, um von hier aus in die sich neu erschließenden Bahnen symbolistischer Kunst einzulenken. Diese Entwicklung hat in Rodenbachs dichterischer Art dauernde Spuren hinterlassen. Die aus der Schule Leconte de Lisles erbte Vorliebe für eine sich bis zur Übertreibung steigernde Geziertheit der Sprache und mehr noch die echt parnassisch-blasierte Vorliebe für die Wahl und Behandlung unbedeutender, scheinbar prosaischer Stoffe hat Rodenbach, wie andere Überläufer aus dem parnassischen Lager, Baudelaire, Verlaine und Mallarmé, nie ganz überwunden. Aber stärker ist der Einfluss zu bewerten, den sein sich immer klarer herausbildendes persönliches Innenleben für die Richtung seiner lyrischen Kunst gewonnen hat.

Eine Würdigung Rodenbachs als Lyriker hat demnach von der Gruppe derjenigen Dichtungen auszugehen, in der sich seine Persönlichkeit zum ersten Male in freier Entfaltung zeigt, von seiner „Jeunesse Blanche".

1.

Als Rodenbach die „Jeunesse Blanche" erscheinen ließ
(1886), lag die Zeit der gekünstelten Nachahmung parnassischer Reimerei bereits hinter ihm. Aus den tastenden Versu-
chen, welche „Le foyer et les champs" (1877), „Les tristesses"
(1879), „La mer élégante" (1881) und „L'hiver mondain"
(1884) bedeuten, bat sieb der Dreißigjährige zur vollen Entfaltung seiner dichterischen Begabung durchgerungen. Die
Erinnerungen an die glückliche Zeit seiner Jugend haben sich
ihm mit seiner durch die Reife der Jahre geklärten Lebens-
und Weltanschauung zu dem Ausdruck einer stark und tief
innerlich empfindenden Lyrik verdichtet.

In der „Jeunesse Blanche" sehen wir schon alle die Elemente vertreten, aus denen sich die Seelenstimmung des
Symbolisten zusammensetzen wird: die wehmütige Erinnerung an die Tage der Jugend, wie wir sie in „Les choses de
l'enfance" finden, die Melancholie, welche von dem Anblick
des düsteren Stadtbildes ausgelöst wird und in einer gleich-
gestimmten psychischen Verfassung des Dichters selbst wur-
zelt („Soirs de province"). Neben der obligaten Behandlung
der üblichen Jugendneigung („Premier amour") steht die
ernste, ins Schwermütige und Pessimistische ausklingende
Behandlung des Problems der Liebe, wie sie in „Les jours
mauvais" und „Vers d'amour" zutage tritt, und, alles überra-
gend, in „Mélancolie de l'art", die Offenbarung seines dichterischen Ideals.

„Choses de l'enfance" ist die erste, seiner Mutter gewid-
mete Gedichtserie betitelt. All die Stätten seiner glücklichen
Kindheit lässt der Dichter vor seinem Auge vorüberziehen,
die Stadt, deren Bild sich ihm unvergesslich eingeprägt hat
(„La ville du passé"), das Elternhaus, in dem alles noch unverändert steht wie in den Tagen, da er ein Kind war – nur die

Spiegel blicken traurig drein, sie haben so manches Gesicht
altern sehen („La maison paternelle") – die Wiege, in der ihn
die Mutter in Schlaf gesungen („Le berceau"), die Gärten, in
denen er gespielt und kindlichen Sinns Ostereier aufgelesen
hat („Les jardins"). Und weiter lenken sich seine Gedanken
zurück auf das Collège, in dessen Mauern er zu eifrigen Studien geweilt, inmitten seiner Kameraden so oft seiner fernen
Mutter gedenkend („Collège ancien"), auf die alte Turmuhr, die mit melancholischem Schlag die Stunde anzeigt
(„L'horloge"), auf die gemeinsamen Spaziergänge, die er
nach alter Schulsitte in Begleitung seiner Kameraden durch
die Straßen der Stadt unternommen („Promenade"). Die
Melodien der frommen Lieder klingen noch in seinem Ohr
nach („Litanies"). Die Erinnerung an den überwältigenden
Eindruck, den Lamartines Verse in seiner Schulzeit auf sein
Gemüt gemacht haben, gestaltet sich ihm zum Gedicht („Premiers beaux vers"). Nicht ohne Wehmut nimmt er von seiner
Schule Abschied („Départ"); schon ist ihm die Gewohnheit,
beim Schein des Lampenlichts in dem öden Arbeitssaal über
seinen Büchern zu träumen und seinen Gedanken nachzu-
hängen, zur Lieblingsbeschäftigung geworden. Das Gefühl
des Abschieds von der Schule wird ihm zu einem Vorgefühl
des Abschieds, den es so oft im Leben zu nehmen gilt.

Inmitten seiner Jugenderinnerungen räumt er – wie übri-
gens schon in „Le foyer et les champs" – seiner ersten Liebe
einen besonderen Platz ein. Er stellt verliebte Betrachtungen
über die Augen seiner Angebeteten an („Les yeux"); für sie
hegt er eine Fülle guter Wünsche („Mysticisme"); sein Herz
schwelgt in dem Reiz abendlicher Spaziergänge in ihrer
Begleitung („Promenade"). Seine Betrachtungen lenken
sich hinüber auf die Flüsse und Bäche, auch aus ihnen klingt
ihm etwas von Liebe und Liebesglück entgegen („L'eau qui
parle: I. Les rivières, II. Les ruisseaux"). Fromme Gedanken beschleichen sein Gemüt: die Geliebte erscheint ihm

wie eine Madonna, sein Herz ist eine Gabe, die er ihr dar-
bringt, seine Verse sollen ihr einen Altar bauen („Litanies
d'amour"). In „Nocturne" gedenkt er der Stunden, in denen
er sehnsüchtigen Blicks ihr Haus umschlichen, aber dann ist
der Abschied dazwischengekommen, das Glück plötzlich
zerreißend („Fin du rêve" – „Départ"), und nun blickt der
Dichter zu dem Mond auf in der stillen Hoffnung, dass ihn
vielleicht auch seine ferne Geliebte ansieht und sich ihre Blicke in der hellen Scheibe treffen („Lune consolante"). Das
Gefühl, dass das kurze Liebesglück zerronnen ist, dass ihn
die Geliebte vergessen hat, drängt sich ihm immer klarer auf
(„Refrain triste", „L'absence", „Chanteuse d'oubli"), es bleibt
ihm nur noch die süße Erinnerung übrig („Douceur du souvenir"). War es wirklich wahre Liebe, was er empfunden?
(„Choses fatales").

Das Thema weltabgeschiedenen Träumerlebens inmitten
einer toten Stadt schlägt die Serie der „Soirs de province"
an. Schon hat sich sein Ohr daran gewöhnt, den Klang der
Glocken („Les cloches") und die melancholische Musik der
einsam durch die Straßen klingenden Orgeln („Les orgues")
in sich aufzunehmen, schon vermag sein Auge die äußeren
Eindrücke aufzulesen, welche die düsteren Straßenbilder,
die einsamen Quais („Vieux quais"), die ärmlichen Außenviertel in ihm wachrufen. Der milde Schein des Mondes,
der trübe Regen („La pluie"), der graue flandrische Nebel
(„Brouillard"), die frommen Stimmungen, welche die Feier-
tage („Dimanches") und Prozessionen („Processions") aus-
strömen lassen, wirken auf sein Gemüt. In die Melancholie,
welche alle diese Eindrücke auslösen, mündet die fromme
Stimmung ein, welche von der feierlichen Stille des Béguinage ausgeht („Béguinage flamand").

„Les jours mauvais" ist Emile Verhaeren zugeeignet. Stille
Trauer um die dahingegangene Jugend, wie in „La mort de
la jeunesse" und „Nostalgie de jeunesse blanche", mischt

sich mit Betrachtungen über der Liebe Leiden und Freuden („Les solitaires"), die bis ins Lüsterne hinüberklingen („Le péché"). Der Einblick in die vielartigen Erscheinungsformen menschlicher Liebe gestaltet sich ihm zu einem interessanten kleinen Problem. Die weltschmerzliche Note, die deutlich durchzufühlen ist, klingt noch stärker in „Ennui de vivre" und „Dégoût". Die durch die Sehnsucht nach Lebensgenuss schlecht übertünchte weltschmerzliche Stimmung – das ist auch hier wie in „La mer élégante" und „Hiver mondain" der Grundzug Rodenbachscher Dichtung.

„Mélancolie de l'art" hat programmatische Bedeutung, insofern hier der Dichter sein künstlerisches Ideal entwickelt. Er feiert den beglückenden Einfluss, den die Kunst, und zwar insbesondere die Poesie und Musik, auf das Herz des Menschen ausübt, indem sie ihn über das Elend des irdischen Daseins hinaushebt und so zu einer Zuflucht („Refuge dans l'art") wird, zu einem Ideal, das der Mensch oft nur zu flüchtig erhascht, wie ein Schüler mit einem Spiegelchen das Licht der Sonne auffängt und auf den Wänden des Schulzimmers tanzen lässt („L'idéal"). All die Züge, die Rodenbachs Poesie ihren Charakter verleihen und in immer deutlicherer Ausprägung im Laufe seiner dichterischen Leistungen hervortreten, finden wir hier ausgesprochen: die Neigung zum Sentimentalen und Melancholischen in „Art pur", den Hang zur Einsamkeit in „Solitude" und „Renoncement", die stille Sehnsucht nach literarischer Unsterblichkeit in „La passion" und „Veillée de gloire".

2.

Wie Rodenbachs Romankunst, so ist auch seine symbolistische Lyrik nicht peripherisch, sondern zentral. Beschreibungen finden wir bei ihm nicht, auch seine poetische Kunst ist auf das Wesen der Dinge selbst gerichtet, bestrebt, in sie einzudringen und sie zu erfassen, ihre Sprache aus ihnen herauszulesen und die Seele der Dinge zu verknüpfen mit seiner eigenen Seele. In der Lyrik gelangt der Symbolist in seiner vollen Eigenart naturgemäß noch schärfer zur Ausprägung wie im Roman und im Drama. Die Rücksicht auf äußerlich sich abspielende Vorgänge, wie sie sich in jenen beiden Gattungen nicht abweisen lässt, kommt bei der Lyrik in Wegfall. Hier kann sich das Innerste des Dichters frei und ungehindert offenbaren. Das lyrische Gedicht wird zur willkommenen Form, die das Stoffliche abstreift und allein dem Seelischen Aufnahme gewährt. Rodenbach liebt es nicht, sich seines Gegenstandes kurz und bündig zu entledigen. Er sucht ihm stets neue Seiten abzugewinnen. Er schreibt nicht einzelne Gedichte, die sich durch die Wahl besonderer Titel auch äußerlich abheben, sondern er vereinigt eine ganze Reihe von Gedichten unter einem gemeinsamen Haupttitel. Der symbolistischen Norm folgend, sieht er seinen Gegenstand stets von verschiedenen Seiten, aber doch immer wieder in demselben Licht an, so, dass alle seine Betrachtungen eine Einheitlichkeit der Stimmung auslösen. Seine Art ist in dieser Hinsieht nicht verschieden von der seines Freundes Verhaeren. Aber während Verhaeren, der Welt das Evangelium der Arbeit verkündend, sich in den Strudel des Lebens stürzt und die lärmenden Stätten menschlichen Treibens, wie Bahnhöfe, Börsen und Bazare, zum Gegenstand seiner Dichtung macht, ist Rodenbach ein geschworener Feind alles Geräuschvollen. Er zieht sich am liebsten in die Stille der Abenddämmerung zurück. Abendstimmung, Einsamkeit, Lampenschein, Glockenklang: das ist es, was sich über seinen Dichtungen ausbreitet.

Das Seelenleben eines Dichters, der so ganz in Stimmungen aufging, für den die Lyrik die vollkommenste Gattung poetischen Schaffens war, konnte sich nicht recht und schlecht aus einer beliebigen Fülle koordinierter Elemente zusammensetzen. Das Überwiegen einer überall durchklingenden Stimmung war von vornherein gegeben. Und diese Stimmung war die Melancholie. Nur aus ihr heraus war es Rodenbach möglich, eine innere Geschlossenheit und Ordnung in die Masse seiner Gefühle zu bringen. Die Gegenstände seiner Umgebung werden für ihn die Texte, die er im Sinne seiner Seelenstimmung zu interpretieren weiß. Sie sind durch tausend und abertausend Fäden mit seinem Denken und Fühlen verknüpft und werden ihm zu Elementen seines eigenen Daseins, in denen er sein tiefstes Innenleben bis in seine geheimsten Regungen hinein wiedererkennt. Alle Dinge taucht er in seine Melancholie ein. Aus seiner Stimmung heraus fließt seine Betrachtung der Dinge, und diese wieder löst sich auf in seine Stimmung.

Die Gedichtsammlung, die wir als die früheste seiner symbolistischen Leistungen gleich hier nennen müssen, führt den bezeichnenden – so vieldeutigen und doch für Rodenbachs Art so eindeutigen – Titel „Du silence".[28] Es sind Betrachtungen über den Abend, der mit seinen Schatten alles bedeckt und in Schlaf wiegt und die Welt dem Auge des Dichters entrückt. In der Stille der Dämmerung gehen seine Gedanken ihren Weg. Sie schweifen zurück in die Tage der Kindheit. Eine leichte Musik klingt aus der Ferne herüber, der Schlag der Uhr belebt die Einsamkeit. Vor ihm taucht die Stadt auf, die ihn mit ihrem Schweigen umfängt, mit ihren friedlichen Straßen, ihren Kanälen, ihren weißen Schwänen und dem feierlichen Geläut ihrer Glocken. Alles ruft in ihm Bilder wach, die in seiner Seele schlummern. Er erkennt in der Seele der Stadt, die in friedlicher Ruhe, gleichsam des Lebens müde, dahindämmert, die eigene Seele wieder und

---

28 Zuerst 1888 erschienen, dann wieder abgedruckt in: „Le règne du silence" (1891).

begrüßt in ihren Häusern und in allem, was in ihr lebt, die Regungen seines Innern.

Vielleicht am deutlichsten und buntesten drängt sich Rodenbachs Gefühlswelt in seiner Gedichtserie „Au fil de l'âme" zusammen.[29] Ganz Seele zu werden, sich allen Regungen und Eindrücken hingeben, jeden Glockenklang und jede Spieglung der Dinge in die Seele und der Seele in die Dinge in sich aufnehmen zu können, das ist sein sehnsüchtigster Wunsch.

> „Ne plus être qu'une âme au cristal aplani
> Où le ciel propagea ses calmes influences;
> Et, transposant en soi des sons et des nuances,
> Mêler à leur reflets une part d'infini ..."[30]

> „Mon âme, où tout désir se décolore et meurt,
> N'a vraiment plus souci que d'elle et ne prolonge
> Rien d'autre que son songe et son divin mensonge
> Et ne regarde plus que son propre halo ..."[31]

Der beglückendste Zustand seines Daseins ist ihm der Zustand des gemächlichen Träumens[32]. In ihm lebt er sein Leben ganz; von der Berührung mit der Welt getrennt, bewahrt er nur die Klänge in sich, die zu seiner inneren Harmonie am reinsten stimmen:

> „Les rêves sont les clés pour sortir de nous-même
> Pour déjà se créer une autre vie, un ciel
> Où l'âme n'ait plus rien retenu du réel

---

29   In: „Le règne du silence" (1891).

30   „Au fil de l'âme" I.

31   „Au fil de l'âme" III.

32   „Au fil de l'âme" IV. V. VI. VII. VIII.

Que les choses selon sa nuance et qu'elle aime:
Des cloches effeuillant leurs lourds pétales noirs
Dans l'âme qui s'allonge en canaux de silence,
Et des cygnes parés comme des reposoirs.
Ah! toute cette vie, en moi, qui recommence,
Une vie idéale en des décors élus
Où tous les jours pareils ont des airs de dimanches,
Une vie extatique où ne cheminent plus
Que des rêves, vêtus de mousselines blanches …"[33]

Gleich von vornherein führt ihn diese Stimmung zu dem Seitenblick auf die ihn umgebende Stadt, in deren Kanälen sich die Häuser und Bäume spiegeln. Das Rauschen der Blätter fließt ihm mit der Stimme der Stadt zusammen[34]. Seine Seele lebt ganz von der harmonischen Verquickung ihrer edelsten Regungen mit den ihr adäquaten äußeren Eindrücken. Vor seinen Augen stellt sich eine Einheit von Seele und Ding dar, die am reinsten und natürlichsten in die Erscheinung tritt in den Stunden des Nachdenkens, wenn Erinnerungen und Bilder im leichten Nebel der Träumereien untertauchen.

Die Gegenstände, die Rodenbach zum Text seiner Stimmungen nimmt, sind in die feierliche Ruhe des Halbdunkels gehüllt, in dem er sich seinem ganzen Wesen nach am wohlsten fühlte. Wie die Gegenstände im Dunkel verschwinden und unter der Hülle des Schattens ihr Dasein weiterführen, so schweben auch die Gedanken des Dichters dahin, leicht ins Unbestimmte zerfließend.

Noch in einer anderen Sammlung von Gedichten, die sich hier weiter anreiht, „Les chambres"[35], führt uns der

---

33   „Au fil de l'âme" VI., vgl. auch IV. V. VII. VIII.

34   „Au fil de l'âme" II.

35   In: „Le règne du silence" (1891).

Dichter zur Stunde der Dämmerung in die Stille des häuslichen Daseins hinein. Nicht in dem Lichterglanz vornehmer Häuser, sondern in der Einsamkeit der verlassen daliegenden Zimmer sucht und findet er Analogien. zu seiner Seele:

> „Douceur d'associer notre âme à cette vie
> Des chambres, qui du moins sont bonnes à nos maux;
> Car, pour nous consoler, il ne faut pas des mots
> Et leur silence aux linges frais nous lénifie
> – Tel un malade entrant dans un lit rafraîchi!
>
> Ah! qu'on nous recajole! ah! quel mal à nos membres!
> Et cet immense ennui que rien n'aura fléchi!
> Et ce mal à notre âme en exil … Mais les chambres
> Sont accueillantes, sont des mères sachant bien
> Le cœur de notre cœur, et jusqu'à la nuance …
> Elles ont des douceurs et des baumes! Combien
> Consolante est leur paix dont l'âme s'influence;
> Et quel soudain oubli de tout! quel réconfort
> Quand le vague soupir des choses nous y berce,
> Respiration lente et qui, rythmique, endort
> Comme un bruit d'eaux, ou de jardin sous une averse!"[36]

Die Sprache, die die Dinge reden, dringt ihm zu Herzen

> „Les chambres, qu'on croirait d'inanimés décors,
> – Apparat de silence aux étoffes inertes –
> Ont cependant une âme, une vie aussi certes,
> Une voix close aux influences du dehors
> Qui répand leur pensée en halos de sourdines …"[37]

---

36   „Le règne du silence" II.

37   Ib. I.

Vor seinem Auge nehmen die Gegenstände eine Gestalt an: der bleiche Vorhang wird ihm zu einer Kommunikantin; die im Kreis umherstehenden Sessel erscheinen ihm wie eine Versammlung von Greisen[38]. Sein Auge fällt auf einen dahinwelkenden Strauß[39], auf das verlassen dastehende Klavier[40], oder es verliert sich träumend im Spiegel[41], der das Bild der Gegenstände zurückwirft, seine Seele verschmelzend mit der Seele der Dinge[42]. Die alten Bilder an der Wand scheinen leise zu sprechen; einförmig, an die dahinschwindende Zeit mahnend, klingt dazwischen der Schlag der Uhr[43], und von außen dringt es durch das Fenster herein wie eine ferne Musik[44]. Auch die Zimmer verspüren etwas von dem Geräusch des Lebens[45]. Schattenphantome bilden sich, gegen die das Lampenlicht kämpft[46]. In der Seele des Dichters, die wie ein Lüster ihr Licht durch das Zimmer streut, steigen die Träume auf[47]. Das Zimmer treibt sein Spiel mit ihnen wie mit Luftblasen. Aber sie verirren sich, sie geraten gegen den Spiegel, der ihnen den Weg ins Freie vortäuscht, und zerspringen. So gehen unsere schönsten Träume jäh dahin:

„ … Symboles de la fuite éparse de nos Rêves
Qui vont vite mourir …“[48]

---

38   Ib. I.
39   Ib. IV.
40   Ib. VI.
41   Ib. III.
42   Ib. V.
43   Ib. XV.
44   Ib. XIV.
45   Ib. XVI.
46   Ib. VIII.
47   Ib. X.
48   Ib. IX.

Auf den gleichen Ton abendlicher Träumerei sind auch die anderen Gedanken Rodenbachs gestimmt: sie verdichten sich zu dem Schmerz über das allabendliche Ersterben des Tags und klingen in die Hoffnung auf ein Erwachen im strahlenden Licht des folgenden Morgens aus[49].

Innerlich schließt sich hier am nächsten eine Gruppe von Gedichten an, die den „Vies encloses" (1896) angehört: „Le soir dans les vitres". Auch hier schwelgt der Dichter in der Abendstimmung, die das Zimmer und seine Gegenstände mit ihrem Dunkel umhüllt und sich auf sein Gemüt lagert:

„Mal du soir qui si mal m'atteint
Que c'est comme une maladie
Et rien d'humain n'y remédie"[50].

In der Stille klingt das Läuten einer Glocke oder der Klang einer fernen Musik[51]. Todesgedanken durchziehen seine Seele[52], aber der Anblick der Lampe verscheucht sie wieder. In dem Frieden des Abends findet die Seele die Ruhe, die der Tag nicht geben kann[53]. Süße Träume stellen sich ein, die den Menschen in die Sphäre des Göttlichen hinaufheben: „C'est l'instant où l'on se sent un dieu"[54]. Wie die Dinge im Halbdunkel verschwimmen, so verflüchtigt sich auch die Sprache des Dichters ins Unbestimmte, erdrückt von dem bunten Spiel seiner Träumereien: „d'émouvantes sourdines, des mots qui soudain se voilent et se brouillent, des fins de phrases entrant dans du brouillard. C'est un de ses grands charmes mysteéri-

---

49   Ib. XVII.

50   „Le soir dans les vitres", V.

51   Ib. XII.

52   Ib. VIII.

53   Ib. XV.

54   Ib. XVI.

eux que cet inachevé de certaines phrases qui semblent s'en aller et se continuer dans le blanc des pages"[55].

Das Halbdunkel ist die Stunde, in der Rodenbachs Träumen erwacht. Sie möchte er ewig festhalten. Der stille und geräuschlose, die Ruhe des Träumenden nicht störende Kampf zwischen dem scheidenden Licht und der heraufziehenden Nacht zaubert in seiner Phantasie stets neue Bilder hervor. Und wenn er einmal aus dem Dunkel heraustritt und sich dem Licht zuwendet, so ist es nicht der helle Strahl moderner Beleuchtungseinrichtungen, der sein Auge trifft, sondern der stille Schein der Lampe, die friedlich im Zimmer hinter den Fenstern brennt, oder der Laterne, deren trübes Licht die Straße erleuchtet. Hier sind zwei Gedichtserien zu nennen, die sich schon durch ihre Titel: „Les lampes", „Les réverbères", als zusammengehörig kundgeben[56]. Über beide breitet sich der milde Schein des Lichts aus, das die Dunkelheit durchbricht. Wie ein Lächeln lagert es sich über das Zimmer, wie eine Genesung nach der Krankheit der Nacht[57]. Die Stimmung, die das Lampenlicht im Zimmer ausstreut, klingt in die Seele des Dichters hinein. In der Dachtraufe trinken die Tauben, im Zimmer, dessen Fenster geöffnet ist, brennt die Lampe[58]. Wie eine weiße Rose, wie ein weißer Mond strahlt sie inmitten der Dunkelheit, die sie überwunden[59]. Religiöse Gefühle werden in ihm wach[60] ; seine Gedanken lenken sich auf die Ewigkeit hin[61], seine Seele zu Ruhe und zu gemäch-

---

55   Rodenbach über Loti, „L'Elite". S. 192.

56   In: „Le miroir du ciel natal" (1898).

57   „Les lampes" I.

58   „Les lampes" VII.

59   Ib. I X.

60   Ib. II. III.

61   Ib. IV.

lichem Träumen einladend[62]. Alles lebt auf[63]; mit einer ihm seltenen Anwandlung fühlt der Dichter neue Lebenslust und Lebensliebe in sich erwachen:

> „J'aime la vie, oh! cette vie unie et calme
> Qui est ma vie – un peu aussi celle des autres ...
> J'aime ma vie et j 'aime aussi taute la vie ..."[64]

In dem gleichen Ton abendlicher Stimmung sind die „Réverbères" gehalten. Während die Lampen in den Zimmern brennen, stehen die Laternen einsam und verlassen da[65], oder sie beleuchten trüb die Feldmark der Stadt, in deren Dunkel es wie ein Traum aufsteigt[66]. Inmitten der finsteren Nacht wird es ihnen wohl manchmal bang[67]; sie haben Angst zu erlöschen; dann schauen sie zu den Sternen wie zu ihren Schwestern auf:

> „Solitude! Et n'avoir à vivre que la nuit.
> Ah! s'éteindre, s'éteindre en une Aube éternelle"[68].

Nur ein Dichter, der sich in dem geräuschvollen Getriebe moderner Großstädte nicht wohlfühlen konnte, vermochte sich für das trübe Licht einsamer Straßenlaternen zu begeistern. An dem Problem der Großstadt, das Verhaeren nach dem Vorbild des Amerikaners Walt Whitman im Gedicht zu lösen suchte, ging Rodenbach teilnahmslos vorüber. Paris,

---

62 Ib. VI.
63 Ib. XII.
64 Ib. VIII.
65 „Les Réverbères" I.
66 Ib. II.
67 Ib. III.
68 Ib. VI.

die Großstadt par excellence, hat auf seine dichterische Phantasie und Schaffenslust keinen Einfluss ausgeübt. Seiner ganzen Natur nach war er überhaupt nicht dazu geschaffen, Paris zu verstehen. Er hat sich in der großen Stadt nie recht wohlgefühlt. Auch nachdem er sich ihr im Jahre 1887 zu dauerndem Aufenthalt zugewandt hatte, blieb er der Stadt und die Stadt ihm innerlich fremd. „Les écrivains nés à Paris" – so lesen wir bei ihm[69] – „voient moins de l'Univers que les autres. Ils n'en voient que ce qu'on voit du ciel entre les hautes façades. Et alors ils font leurs livres, souvent, moins d'après la vie que d'après leur bibliothèque. Au contraire, il faut écrire d'après une race dont on est l'aboutissement. C'est le moyen pour que les livres soien originaux; et ils le seront d'autant plus que la race est demeurée elle-même plus impolluée, personnelle, abritée contre l'influence de la centralisation et du cosmopolitisme. Heureux les écrivains qui ont une province dans le cœur!" Und ein anderes Mal[70]: „Cadre délicieux, d'ailleurs, que la petite ville. On est un peu lassé des romans parisiens. Toujours le même décor emphatique et tumultueux. La petite ville vaut mieux. Quoi de plus charmeur et quelle douce résonnance rien qu'en ces mots: Le mail … Les ormes … L'orme du mail …? C'est toute la province, plus intime et combien plus intense. Sur les pavés nets, dans les rues vides, les pas sonnent, les voix résonnent. C'est un signe. Les idées aussi, les passions sont plus vives de naître en ce silence. Elles atteignent dans la vie de province leur maximum d'exaltation. La plupart des cerveaux, là, somnolent. Ils sont à l'image de la ville. Ils sont la ville elle-même. Et les quelques-uns qui pensent, vivent d'une vie intellectuelle ou passionnelle, y font un bruit de rares passants dans une cité muette". Die Stadt, der sein Herz gehört, ist und bleibt Brügge. Er ist

---

69   „L'Elite" S. 184.

70   „L'Elite" S. 175-176, Vgl. auch Rodenbachs Artikel „Paris et les petites patries" in der „Revue Encyclopédique" 1897, S. 137 ff.

von Brügge gefesselt, so wie es andere, nicht immer zu ihrem Vorteil, von Paris sind. Und wenn sich ihm der Eindruck, den die Stadt auf ihn macht, zum Gedicht gestaltet, wie in den „Paysages de ville"[71], so ist es immer wieder die düstere, zu dem Bild ihrer Häuser und Straßen passende Melancholie, die sich ihm auf die Seele legt. Er sieht sie am liebsten in den trüben Herbsttagen, wenn das Grau der Häuser zu dem Grau des Himmels passt und alles in ihr Verlassenheit und Verfall predigt[72]. Traurig liegen die alten akazienumkränzten Kanäle da, gleichmütig dieselben Gegenstände in ihrem Wasser spiegelnd. Nur der Winter bringt etwas Abwechslung, insofern er die Kanäle mit Eis bedeckt und das gleichmäßig spiegelnde Wasser unserem Blick entzieht[73]. Melancholisch lagert sich über sie der Rauch, der so vielen Kaminen entsteigt: es ist, als ob er von den inneren Geheimnissen der Häuser plaudern wolle[74]. Dazwischen erklingen die Glocken[75]. Ringsumher breitet sich die tote Stadt aus, die schon so manch trauriges Bild gesehen hat. Die Häuser richten ihre Blicke auf den Dichter, Tod und Vergänglichkeit liegt in ihnen[76]. Auch sein Gemüt beschleicht die düstere Stimmung des Todes.

„Ah! ces villes, ce grand silence monotone
Qu'augmente un son de cloche en tombant de la tour;
Ce silence si vaste et si froid qu'on s'étonne
De survivre soi-même au néant d'alentour
Et de ne pas céder à la mort qui délie …
L'eau s'en vint d'elle-même au-devant d'Ophélie.

---

71 In: „Le règne du silence" (1891).

72 „Paysages de ville" I.

73 „Paysages de ville" III.

74 „Paysages de ville" VI.

75 „Paysages de ville" IX.

76 Ib. IV.

Or le silence doux, dont l'eau nous circonvient,
Nous tente et nous entraîne à son tour dans des roses ...
La ville est morte aussi ...Qu'est-ce qui nous retient?
Et nous sentons vraiment comme l'Ordre des Choses"[77].

Das ist echt Rodenbachsche Stimmung, so wie sie von dem
Anblick seiner toten Lieblingsstadt ausgelöst wird und sich
zum Ausdruck seines innersten Gefühlslebens gestaltet. Die
Stimmung, die die Stadt in ihm erweckt, ist im Grunde doch
immer nur die Stimmung, die in ihm selbst lebt. Die Stimmung der Stadt geht in die des Dichters über, der in ihr seine
stille Seelen- und Leidensgefährtin liebt und sein Geschick
mit dem ihrigen verknüpft:

„Nous sommes tous les deux la tristesse d'un port
Toi, ville! toi ma sœur douloureuse qui n'as
Que du silence et le regret des anciens mâts.
Moi, dont la vie aussi n'est qu'un grand canal
mort"![78] ...

Wie tief innerlich Rodenbach in der Seele der Dinge zu lesen
weiß, erkennt man erst dann mit voller Klarheit, wenn man
sieht, wie das Einzelne auf ihn wirkt. Wie die Stadt als solche,
so wird auch das, was in ihr lebt, für ihn zum Motiv, das seine
dichterische Phantasie zum Kunstwerk gestaltet. Überall findet er in den Dingen, die ihn umgeben, Anknüpfungspunkte
für seine eigene Gefühlswelt und Beziehungen zu seinem
Inneren heraus. Schon in seinen „Cloches du dimanche"[79]
hatte er die Stimmungen in Verse gebracht, die der Klang

---

77   Ib. V.

78   Ib. XV.

79   In: „Le règne du silence" (1891).

91

der Sonntagsglocken in ihm auslöst. In seinen „Cloches"[80] kommt er mit größerer Ausführlichkeit auf dasselbe Thema zurück. Der Grundton ist auch hier der gleiche. Die Glocken klingen seinem Ohr wie Hymnen. Bald beten sie leise wie die zarten Stimmen der Erstkommunikantinnen, bald klagen sie wie Grabgeläute. Ihre Musik weckt in dem Gemüt des Dichters fromme Betrachtungen, die sich mit den Gedanken an die Vergänglichkeit des irdischen Daseins mischen und leise und unmerklich zurückströmen in die Erinnerung an die Stadt, in der ihm das Bild irdischer Vergänglichkeit in greifbarster Nähe vor Augen getreten ist. Wie in allem, was um ihn her vorgeht, hört er auch in dem Geläute der Glocken das eigene Innere heraus.

Gerade so ist es mit den Betrachtungen, die sich ihm an den Anblick des Wassers knüpfen.

„Etre le psychologue et l'ausculteur de l'Eau,
Etudier ce cœur de l'Eau si transitoire,
Le cœur de l'Eau souvent malade et sans mémoire …
Ah! ce cœur de l'Eau vaste en qui tout s'amalgame,
Ce cœur de l'Eau plus compliqué qu'un cœur de femme,
Il faudrait pourtant bien un peu l'analyser"[81].

Mit diesen Worten hat Rodenbach den Grundgedanken seiner Gedichtgruppe „Le cœur de l'eau" ausgesprochen. Noch mehr als anderes regt gerade das Wasser den Träumer an. Die gleichmäßige Ruhe, mit der es die mannigfachsten Dinge in sich aufnimmt, lässt etwas von erhabener Unendlichkeit in sie hineinströmen[82]. In einer solchen Mischung des Bildes der Gegenstände mit der Ruhe der Unendlichkeit liegt für

---

80   In: „Le miroir du ciel natal" (1898).

81   „Le cœur de l'eau" I. In: „Le règne du silence" (1891).

82   „Le cœur de l'eau" II.

Rodenbach ein besonderer Reiz. Das Wasser bleibt für ihn kein totes Objekt träumerischer Betrachtung, es beseelt sich vor seinem Auge. Endlos spannt sich der Himmel über der Erde aus; die Sterne funkeln und teilen ihr Licht der einförmigen Fläche mit[83]; selbst in das Herz des kalten Wassers, das sich gegen andere Spiegelungen sträubt, dringt der Abglanz des ewigen Himmels[84]. Zu dieser, an die Ewigkeit streifenden religiösen Stimmung tritt sofort die melancholische Note hinzu, welche sich deutlich mischt mit der Erinnerung an das Bild der Brügger Kanäle. Auf das Wasser fällt auch das Spiegelbild der alten Türme. Von ihnen hallt der Schall der Glocken herab, der sich mit so vielen anderen Stimmen mischt, die einst über das Wasser dahingegangen sind und ihm noch jetzt entströmen[85]. Träumerisch liegen die toten Kanäle da, auch ihre Einsamkeit redet ihre Sprache[86], die zu dem Herzen des Menschen dringt und ihn mit zauberischer Gewalt in das Wasser hineinzulocken scheint, wie zu einem Ort der Erlösung[87].

In einer späteren Folge kleiner Gedichte, die unter dem Titel „Les jets d'eau"[88] vereinigt sind, ist es die nervöse Unruhe des auf- und abspringenden Sprudels, die den Dichter anregt. Auch hier gehen seine Gedanken die gleiche Richtung: das Wasser, das Tropfen für Tropfen zerrinnt, gemahnt ihn an die Zeit, die rasch dahinschwindet. Der Mond, dessen milder Schein die Wasser umhüllt, stimmt seine Seele auf den Ton träumerischer Betrachtungen, die sich hier wie so

---

83 Ib. III.

84 Ib. IV.

85 Ib. VI.

86 Ib. IX.

87 Ib. XI.

88 In: „Le miroir du ciel natal" (1898).

oft in religiöse Reflexionen verflüchtigen[89]. Die sprudelnde, dem Himmel zugekehrte Bewegung des Wassers lenkt seinen Blick nach oben[90] und ruft in seiner Seele die Sehnsucht nach Erlösung von dem irdischen Dasein wach[91].

In den Beziehungen, die Rodenbach zwischen sich und der Welt im Gedicht herstellt, tritt der Mensch entschieden zurück hinter den Dingen. Rodenbach war kein exakter Psychologe, kein routinierter Beobachter der menschlichen Natur an anderen. Gewohnt, die Außenwelt mit dem Maßstab seiner persönlichen Stimmungen zu messen und in seine Umgebung seine eigene Gefühlswelt hineinzutragen, war er mehr zum Betrachter der Dinge als der Menschen geschaffen. Die Enge seiner Beobachtungsgabe machte ihn zur Erfassung vielverschlungener Seelenvorgänge bei anderen von vornherein ungeeignet. Seiner ganzen Veranlagung nach gehört er mit zu den Naturen, die die großen Probleme des menschlichen Daseins nur einseitig zu erfassen vermögen. Von ihnen kehrt er in seinen Gedichten immer nur eins hervor, und gerade dieses hebt ihn über die Erde hinaus; das Problem des Todes, in das er sich mit dem ganzen Pessimismus seiner fatalistisch gestimmten Seele versenkt. Wir können von ihm keine großzügigen psychologischen Beobachtungen erwarten, ebenso wenig wie wir ihm eine mit der Weite des Blickes vorgenommene Darstellung der Dinge der Außenwelt nachrühmen können. Aber das war es ja auch gar nicht, was er wollte. Er dichtete nicht um anderer willen, sondern um seinem eigenen tiefsten Bedürfnis Worte zu leihen. Die Menschen sieht er nur soweit, als sie sich in den grauen Farbenton der Dinge einfügen. Das gilt in erster Linie von

---

89   „Les jets d'eau" VI.

90   „Les jets d'eau" IV.

91   „Les jets d'eau" VIII.

seinen „Femmes en mante"[92]. Er sieht weniger die „femmes", als die „mantes", und auch diese entschwinden seinem das Düster der Straßen unsicher durchspähenden Blick. Seine Betrachtungen verlieren sich rasch in eine Unklarheit, die ganz der Unbestimmtheit entspricht, mit der die flüchtigen Straßenerscheinungen dem sie verfolgenden Auge zu entschwinden pflegen. Präzision ist schon sowieso nicht seine Stärke. Je weniger deutlich ihm die Dinge entgegentreten, umso farbloser werden seine Gedanken. Sie schweifen, wie von geheimer Macht gelenkt, von den „femmes en mante", die wie Schatten durch die stillen Gassen huschen, hinweg zu den Häusern und lenken in Betrachtungen über die Verlassenheit der Straßen und Kanäle ein. Und wieder entfaltet er das ganze bunte Spiel seiner stets und ständig variierten und doch im Grunde so einförmigen Gedanken, in das nur schüchtern und verstohlen die Beziehung zum Thema seiner Gedichte hineinklingt[93]. Auch hier wieder zeigt sich, wie stark die Abhängigkeit ist, in der sich Rodenbach von der Stadt und ihrer Seele fühlt, und wie er die Menschen nur im Rahmen der Stadt zu erfassen vermag.

Unter dem gleichen Gesichtswinkel wollen auch seine „Premières Communiantes"[94] betrachtet sein, nur dass hier, dem Gegenstand entsprechend, der religiöse Grundton stärker klingt als der melancholisch-weltschmerzliche, wie wir ihn in den „Femmes en mante" vernahmen.

In etwas andere und, wie dies bei Rodenbach unvermeidlich ist, immer wieder ähnliche Gedankenkreise hinein führen die „Malades aux fenêtres", die schon in den „Vies encloses" (1896) erschienen sind und innerlich zugleich an die ihnen vorausgehende Sammlung, „Le soir dans les vitres", anknüp-

---

92   In: „Le miroir du ciel natal" (1898).

93   „Femmes en mante" III. IX. X.

94   In: „Miroir du ciel natal" (1898).

fen. Krankheit und Genesung sind dem Dichter Zustände, die tief in das Seelenleben des Menschen eingreifen. Für sie hat er jene Vorliebe, die er für alles empfindet, was zur Selbstbesinnung führen und zur Träumerei anregen kann. Wie der Kranke zwischen Leben und Tod schwebt, so nähert sich seine Seele den halbwachen Bewusstseinszuständen, denen, durch keine helle Reflexion gehemmt, die Betrachtungen entströmen:

> „La maladie est un clair-obscur solennel,
> L'instant mi-jour, mi-lune, angoissant crépuscule! ...
> La maladie est une crise de lumière;
> On sent planer l'ombre de l'aile de la mort;
> Quelque chose pourtant d'avant-céleste en sort
> Et répand une paix d'indulgence plénière.
> Lente épuration! Chaste ennoblissement
> De tout l'être par on ne sait quel charme occulte"[95].

In diesen Zustand dämmernden Bewusstseins sind die weiteren Reflexionen getaucht. Über sie breitet sich der fahle Schimmer des sinkenden Tages und der matte Schein des Nachtlichts aus. Zwischen Hell und Dunkel schweben seine Gedanken dahin, sich in traumhafte Gebilde verflüchtigend. Das ist die Stunde, in der sich der Dichter dem Irdischen entrückt fühlt und in süßer Einsamkeit nur sich selbst zu leben meint[96]. Seine Gedanken schweifen hinüber zu den Dingen, die er im matten Schein vor sich sieht. Er erkennt sich selbst in ihnen wieder. Eine Lilie, die dahinwelkt, erinnert ihn an sein eigenes Schicksal; er fühlt, wie etwas von seinem Ich in ihr dahinschwindet[97]. Fromme Stimmungen kommen über

---

95   „Malades aux fenetres" I.

96   Ib. IV.

97   Ib. VII.

ihn[98]. Er glaubt sich dem Leben entrückt. Alles, was ihn an die Erde fesselt, erscheint ihm nichtig; er möchte in Minuten irdischen Glücks die Ewigkeit genießen:

„Ah! s'être, fût-ce un jour, réalisé divin!
Avoir enclos l'éternité dans des minutes!"[99].

Aber kaum hat uns der Dichter zur Höhe irdischen Sehnens emporgehoben, so drängt es ihn wieder, Analogien zu dem Leiden der Menschen zu suchen in dem Leiden der Städte. Denn auch die Städte haben ihre Krankheiten. Der Klang ihrer Glocken klingt wie ein leises Husten; andere schwinden dahin in ruhigem und unmerklichem Verfall. Auch dabei tritt die Beziehung zu der Stadt, deren Bild sich ihm in allem und jedem in die Seele drängte, die Beziehung zu Brügge, mit unverkennbarer Deutlichkeit hervor:

„Il en est que naguère abandonna la mer
Comme un grand amour qui tout à coup se retire;
Et, depuis ce moment, ces villes ont un air
De se survivre, en appelant quelque navire"[100].

Rodenbachs Gedankenkreis hätte sicherlich etwas gefehlt, wenn er nicht auch hier das Leiden der geliebten Stadt mit dem Leiden der Menschen identifiziert hätte. Die Hereinziehung dieser Parallele war geradezu eine Ehrenpflicht, die er seiner Muse schuldete, nicht etwas, was ihn von seiner Gedankenreihe ablenkte, sondern etwas, was seine Gedanken vertiefte. Nur so können wir es begreifen, wenn er uns

---

98   Ib. VI.

99   Ib. IX.

100   Ib. X; vgl. auch XII.

gleich darauf[101] zwar in das Krankenzimmer zurückführt, um das erwachende Seelenleben des Kranken und seine sich neu belebende religiöse Gesinnung zu schildern, dann aber uns wieder in die still schlafende Stadt hinausgeleitet, um mit einer Reihe von Betrachtungen zu schließen, die in die Lebensfreude des Genesenden und in den frohen Aufblick zu Gott ausklingen.

Die Analogie, die Rodenbach zwischen sich und der Außenwelt findet, tritt in seinem „Aquarium mental"[102] mit besonderer Stärke hervor. Der ganze Gedankenkreis der elf Gedichte gravitiert um den ständigen, in stets neuen Nuancen variierten Vergleich eines Aquariums mit seiner Seele. Ein solcher Vergleich ist gewiss nicht nach jedermanns Sinn, aber in ihm gelangt so recht die volle Eigenheit seiner dichterischen Kunst zum Ausdruck, vor allem seine reichentwickelte Gabe, Analogien zu entdecken und in die Form von Parallelen zu kleiden. In der friedlichen Ruhe des Wassers, das, von der Welt abgeschlossen, nur sich allein angehört und, von keinem Wind belästigt, seinen Träumen dahinlebt[103], erblickt er einen seiner ganzen seelischen Veranlagung entsprechenden, beneidenswerten Zustand. Damit ist die Bahn eröffnet, in der sich seine Gedanken weiterspinnen, sich im bunten Spiel der Analogien tummelnd. Das Wasser, das klar und durchsichtig sein Innerstes dem Blick des Beschauers enthüllt, kommt ihm wie die eigene Seele vor, in deren Betrachtung sich sein Auge versenkt. Wie nur das in sich geschlossene, von den fließenden Wassermassen getrennte Wasser eine Betrachtung zulässt, so auch nur die von der Welt gesonderte, sich selbst überlassene Seele[104]. Mit stillem Mitleid schaut das friedli-

---

101   Ib. XIII. XIV.

102   In: „Vies encloses" (1896).

103   „Aquarium mental" I.

104   Ib. II.

che Aquarium auf die anderen Gewässer: auf den Sturzbach, der wild dahinbraust, auf das Wasser der Kanäle, das langsam einherfließt, auf den Wasserstrahl, der nicht zur Ruhe kommen kann, auf das Meer, das sich stürmisch am Felsen bricht[105]. Solche Gedanken, die, mit anderen untermischt, in bewegtem Wechsel dahingleiten, führen den Dichter immer und immer wieder zu dem eigenen Inneren zurück. Mit dem Bild des Aquariums verquickt sich ihm die Vorstellung der eigenen Seele, die sich geläutert fühlt wie das Wasser, das nichts zu trüben vermag:

> „Mon âme s'est fermée et limitée à soi;
> Et, n'ayant pas voulu se mêler à la vie,
> S'en épure et de plus en plus se clarifie"[106].

Mehr noch als Roman und Drama ist Rodenbachs Lyrik der Ausdruck seines persönlichen Innenlebens, der Niederschlag seiner aus der Tiefe seelischer Bewegung sprudelnden Stimmung. Auf der symbolistischen Versenkung in die von den Dingen ausströmenden Impressionen und in deren Verschmelzung mit der Fülle eigener Regungen beruht seine lyrische Kunst. Jedes Gedicht ist ein Stück persönlichen Erlebens; jeden mit seinem Inneren harmonierenden äußeren Vorgang gestaltet seine Phantasie zu einem tiefempfundenen Seelengemälde. Den Dingen der Außenwelt lauscht der Dichter ihre inneren Regungen ab, um in ihnen die eigene Stimmung wiederzufinden. Aber gerade in dieser Parallelisierung der zwischen dem Körperlichen und Seelischen waltenden Analogien liegt eine Gefahr, der auch Rodenbachs Symbolismus nicht entgangen ist: sie führt leicht ins Abliegende und Absonderliche und streift ans Unfassbare und Nebel-

---

105   „Aquarium mental" XI.

106   „Aquarium mental" V.

hafte. Gerade das, was den Symbolisten ausmacht und sich in mehr oder minder hohem Grade in allen Parteigängern der symbolistischen Richtung als gemeinsamer Zug wieder-findet, war bei ihm durch eine besonders stark ausgeprägte psychische Disposition von Natur aus gegeben: die Neigung zu einer ins Unbestimmte zerfließenden Erfassung und Deu-tung der Dinge, die er, von ihrer Körperlichkeit losgelöst, mit den in den Tiefen seiner Seele schlummernden Regungen zu verknüpfen sucht. Wie so manche Symbolisten hat auch er sich an Stoffe herangewagt, die einer anderen Behandlung bedurften, als er sie gegeben hat und seiner Natur nach geben konnte. Seine Träumereien, die zwischen Licht und Dunkel schweben und wie die ihn umgebende Welt in das Zwielicht der heraufziehenden Nacht getaucht sind, waren zu einer kla-ren Erfassung und Darstellung verwickelter seelischer Regun-gen nur wenig geeignet. So sehr er auch in den Stoffen, die sei-ner dichterischen Begabung lagen, Schönes und Eigenartiges hervorzubringen vermochte, hat er in anderen, die eine klare und scharfe Darstellung verlangen, scheitern müssen. Auch sein Talent war nicht imstande, das himmelstürmende Pro-gramm seiner Schule, wie es sich in der stolzen Formel „nous exprimons l'inexprimable" zusammenfasst, in allen seinen Teilen mit Erfolg durchzuführen; auch er hat Halt machen müssen vor den Stoffen, die einer mit den Mitteln der sym-bolistischen Kunst nicht erreichbaren Behandlung bedürfen. Besonders in den Gedichten, die er schon im Jahre 1893 unter dem Titel „Le voyage dans les yeux"[107] veröffentlicht hat, wird die Klarheit der Erfassung erdrückt unter der Fülle kühner Analogien, die der Dichter um seine Gedanken schlingt. „Il n'est peut-être pas possible de parler clairement de ces cho-ses", wäre man versucht mit Maeterlinck[108] auszurufen. Das

---

107   Wieder abgedruckt in: „Les vies encloses" (1896).

108   „Trésor des Humbles" (1896) S. 158.

100

Gleiche gilt von seinen „Lignes de la main"[109], in denen er ein ihm von den Carrièreschen Bildern her vertrautes Motiv dichterisch verarbeitet hat: „Les mains! c'est ce qu'il y a de plus étrange et évocateur, dans les œuvres de M. Carrière. Nul, peut-être, parmi les peintres de tous les âges, n'aura compris, comme lui, l'importance des mains, leur signifiance, les mystères de l'âme qu'elles élucident en même temps que le visage; les mains qui sont les échos du visage, trahissent, renseignent par leur pâleur, leurs formes, leurs lignes. Est-ce qu'il n'y a pas des signes énigmatiques dans les mains, qu'on déchiffre, qu'on interprète, grimoire de nos destinées, géographie mystérieuse des passions. M. Carrière a senti cette importance des mains pour la caractérisation de l'être. Aussi a-t-il fait des études de mains, par centaines, analysées, étudiées, lues, en une sorte de chiromancie de la peinture".[110] Was der darstellenden Kunst Carrières gelungen sein mag, ist Rodenbach nicht geglückt. Der Gedanke verflüchtigt sich bei ihm, das Wort verblasst, die Betrachtungen verlieren sich rasch ins Unverständliche und werden im Grunde nur dadurch lehrreich, dass sie zeigen, wie unerschöpflich seine Kunst war, bunte Analogien zu knüpfen, wie nahe aber auch die Verdunklung den Gedankengängen eines Dichters liegt, dessen Denken die scharfen Umrisse und festbestimmten Linien flieht und sich im Dämmerlicht des sinkenden Tags am wohlsten fühlt[111]. Wir sind weit entfernt von der sympathischen Natürlichkeit, mit der der Dichter in seiner „Jeunesse Blanche" ähnliche Motive schüchtern angeschlagen hat[112]; aus dem zaghaften, verliebten Anbeter ist. ein tiefsinniger, mystisch grübelnder Symbolist geworden.

---

109 In: „Les vies encloses" (1896).

110 „L'Elite" S. 243. 244.

111 Vgl. auch Adolphe Brisson, „La comédie littéraire. Notes et impressions de littérature" (Paris 1895) S. 85. 86 und Catulle Mendès, „Rapport ... sur le mouvement poétique français de 1867 à 1900" (Paris 1902). S. 254. 255.

112 „Les yeux", „Mysticisme". („Jeunesse Blanche" S. 47. 49.)

V.

Als echter Symbolist hat Rodenbach in den Mittelpunkt seiner Weltanschauung die Wertung seines eigenen Innenlebens
gestellt. Nicht in dem Sinne freilich, dass die Schätzung seines persönlichen Wertes ihn zu eitler Selbstüberhebung oder
gar zur Verkündigung einer selbstsüchtigen Moral geführt
hätte. Dem Gebiet der Moralphilosophie ist er zeitlebens
ferngeblieben. Sein ganzes Wesen, das jedem Dogmatismus
feind war, hat ihn davor bewahrt, seine Moral auf landläu-
fige Standpunkte zurückzuschrauben. Sein Innenleben ging
in einer unablässigen Arbeit an sich selbst auf, in einer stets
sich erneuernden Vertiefung seelischer Stimmungen. Der
Mensch in seiner edlen, seiner Bestimmung einzig würdi-
gen Gestalt ist ihm ein rein von Gefühlen und Stimmungen
lebendes Geschöpf, ein innerlich freies, sich über den Orga-
nismus der umgebenden Welt erhebendes Wesen, das Zent-
rum, dem alles Leben und jede Regung entströmt. Nur von
dem Menschen aus vermochte er die Welt zu begreifen.

Die stark subjektive Schätzung menschlichen Wertes war
Rodenbach schon früh durch die eigene, einseitig ausgebil-
dete Gefühlsveranlagung nahegelegt. Bereits die Gedichte,
in denen er noch ganz die parnassischen Vorbilder nach-
ahmt, lassen die düstere melancholische Grundstimmung
seines Wesens durchblicken, aber erst in den neuentdeckten
Formen symbolistischer Kunst hat sein Innenleben einen
wirklich vollendeten Ausdruck gefunden. Mit feiner Kunst
fängt er all die Regungen, deren die menschliche Seele fähig
ist, in den Regungen auf, die er seinem Inneren ablauscht.
Selbst die Dinge der Außenwelt werden seinem Bewusstsein

erst in ihrer Spiegelung in seinem eigenen Innenleben gegenständlich. Auf dieser Verknüpfung sinnlicher Wahrnehmungen mit seelischer Erfassung beruht die Einheitlichkeit seines gesamten Werks, wie im letzten Grunde die ganze Kunst des Symbolismus. In dem Verhältnis, das er zwischen Welt und Mensch, Ding und Seele herstellt, spricht sich viel mehr als ein bloßer Niederschlag rein künstlerisch-ästhetischer Wertung aus; in ihm kommt zugleich das beste Stück seiner Weltanschauung zu abgeklärtem Ausdruck: hinter dem Künstler steht der Philosoph, der tiefempfindende, als frommer Mystiker über die Probleme des Lebens und Sterbens sinnende Mensch.

Dem Katholizismus war Rodenbach mit ganzer Seele zugetan. Sein Roman „La Vocation" ist das beredte Bekenntnis seines Glaubens. Die Religion war für ihn ein stetes, inniges Erleben, aus dem seine Seele neue Nahrung und neue Kraft schöpfte. Mit unwiderstehlichem Zauber fesselte ihn das Unerforschliche, Geheimnisvolle in der Religion, das sich nicht durch den Verstand meistern, sondern allein durch die gläubige Hingabe an ihre Wahrheiten fühlen lässt. Der Religion steht er als echter Mystiker gegenüber. Die fromme Versenkung in die Lehren der Kirche bis hinein in die Erfüllung der von ihr auferlegten äußeren Pflichten war der Weg, der ihn zur Erfassung der göttlichen Wahrheiten hinführte und ihm den Einblick in einen über den Bereich des Irdischen hinausgehenden-höheren Beruf des Menschen erschloss. Seine tiefempfundene Frömmigkeit hat seinem Hang zur Vertiefung und Verinnerlichung seelischen Lebens jenen religiösen Glanz verliehen, der bis in die dunkelsten Falten seines Pessimismus einen leuchtenden Widerschein wirft.

In der Melancholie hoffte Rodenbach die rechte Stimmung zu finden, um das Leben und seine Probleme erfassen zu können. Nicht aus der Tiefe der Gedanken, sondern aus der Tiefe der Gefühle, aus der Unmittelbarkeit einer den

Regungen seelischen Lebens lauschenden Stimmung heraus suchte er Mensch und Welt zu verstehen. Bei ihm tritt der Denker ganz hinter dem Gefühls- und Stimmungsmenschen zurück. Dem nüchternen Utilitarismus naturalistischer Romane stellt er den gefühlvollen Idealismus der symbolistischen Kunst gegenüber. Den Gegensatz zwischen beiden erhebt er zur Höhe eines Problems, das er im Geist der düsteren Melancholie beleuchtet, von der seine ganze Auffassung von Welt und Leben durchdrungen ist. In dem Getümmel des Lebens scheint ihm die Heiligkeit der Gefühle in steter Gefährdung durch den Widerstreit niedriger Gesinnung oder die Ungunst widriger Umstände. Die Abwehr dieser Gefahren, die Bewahrung der echten Menschlichkeit soll eins der höchsten Ziele sein, dem seine Kunst zu dienen bestimmt ist. Bei alledem aber huldigt er keiner falschen Schönfärberei, so sehr er auch die Tiefe des Gemütslebens, deren er selbst fähig war, bei anderen zu finden vermeinte. Er sieht auch die unerfreulichen, unnormalen Züge, ja in seiner letzten Novellensammlung, „Le Rouet des brumes", übertreibt er geflissentlich die Schattenseiten des menschlichen Wesens, indem er sie bis ins Krankhafte vergröbert. Aber auch aus den menschlichen Fehlern blickt ihm doch immer nur ein Stück des menschlich Großen entgegen. Mit unermüdlicher Ausdauer arbeitet er im Roman wie im Gedicht das Bild des Menschen heraus, wie es sich von dem grauen Hintergrund des Lebens abhebt. Der Oberflächlichkeit des Lebens stellt er die Tiefe der menschlichen Innerlichkeit gegenüber. Seelische Größe beruht für ihn auf der vollen Entfaltung und immer reicheren Ausgestaltung der Tugenden des Gemüts, wahres Glück dagegen besteht in möglichster Fernhaltung von den Forderungen und Fährnissen der Welt. Der Pessimist des Lebens ist ein Idealist des menschlichen Seelenadels.

Rodenbachs Weltanschauung steht durchaus im Zeichen der Mystik. Vieles hat ihm das Mittelalter überliefert, dessen

Mystiker er schon während seiner Schulzeit als Jesuitenzögling mit jenem Eifer studiert hatte, den die enge Fühlung mit dem katholischen Christentum zu verleihen pflegt. Vor allem hat der große flandrische Mystiker Ruysbroeck, den Maeterlincks Übertragungen zu neuem Leben erweckt, tief und nachhaltig auf ihn eingewirkt. Ein besonderes Interesse brachte er dabei den Bestrebungen entgegen, die aus der Sphäre der abstrakten Gedankenwelt hinüberspielten auf das Gebiet der Kunst. Man muss mit allem, was in seinen Romanen zerstreut liegt, die der Malerei gewidmeten Ausführungen der „Elite" zusammenhalten, um zu begreifen, wie enge sich bei ihm das Verständnis für die Malerei mit der Liebe zur Poesie verband. Mit feinem Formensinn begabt, mit wahrem Verständnis für das Wesen edler Kunst ausgestattet, fühlte er sich angezogen von dem mystischen Impressionismus eines van Eyck und Memling. In träumerischer Betrachtung hat er oft vor Memlings Ursulaschrein im Johanneshospital in Brügge gestanden und die stillgläubige Frömmigkeit der in kraftlose Beschaulichkeit und gleichmäßige Milde hinüberklingenden Kunst des flandrischen Meisters auf sich wirken lassen. Das Bekenntnis begeisterter Verehrung für die schlichten und doch so großen Schöpfungen der Künstler seiner Heimat, das er in seinem „Carlilonneur" durch den Maler Bartholomeus ablegen lässt, ist das Geständnis seiner eigenen innersten Überzeugung.

Zu solchen Einflüssen tritt verstärkend die Einwirkung moderner Philosophen auf seinen Anschauungskreis hinzu. Im Grunde handelt es sich aber auch hier nur um die alten, und doch immer wieder in stets neue Formen gebrachten Ideen der Mystik. Emersons Einfluss ist bei Rodenbach nur schwer verkennbar, wenngleich er bei ihm weniger handgreiflich zutage tritt wie bei dem philosophisch tieferen Maeterlinck. Daneben sind ihm, wie Laforgue, Maeterlinck, Vielé-Griffin und Jammes, manche Anregungen aus der

Philosophie des Unbewussten von Eduard von Hartmann gekommen – Anregungen, die nachmals in Bergsons Intuitionsphilosophie zu neuem, selbständigem Leben erwachen und auf die jüngere Generation der Symbolisten ihren Einfluss ausüben sollten. Wie seine symbolistischen Gesinnungsgenossen musste auch er sich nicht bloß von dem allein an der äußeren Erscheinungswelt haftenden Positivismus, sondern ebenso sehr von dem Altruismus der Philosophie Comtes abgestoßen fühlen. Aus einer Lehre, die das Individuum nur als reine Abstraktion gelten ließ und seine allein auf Kosten persönlicher Rechte und persönlichen Wertes zu erlangende Einreihung in das Ganze der menschlichen Gemeinschaft proklamierte, flüchtete sich sein von starrem und starkem Persönlichkeitsbewusstsein getragener Sinn lieber zu den Ansichten des deutschen Philosophen, in denen ihn so mancher Anklang an die eigene Seelenstimmung anlocken konnte.

Es ist interessant zu beobachten, wie sich bei den Symbolisten philosophisch-mystische Einflüsse in die dichterische Tat umsetzen und, ohne dass sie gerade zu direkter Spekulation zu führen brauchen, stark mystisch gestimmte Gemüter leicht zu einer Halluzinationspoesie fortreißen, die sie der Sphäre des Natürlich-Menschlichen entrückt und die Wirkung ihrer Schöpfungen beeinträchtigt. Wenn man die symbolistischen Literaturwerke unter diesem Gesichtspunkt prüft, wird man unschwer feststellen können, wie nahe eine solche Gefahr liegt, und wie viele ihr erlegen sind. Auch Rodenbach wurde durch sein ganzes Wesen wie von selbst zu mystischer Versenkung in die großen Probleme des menschlichen Daseins geführt. Aber er gehört mit zu denjenigen, die ihre mystischen Neigungen zu zügeln wissen. Gedichte wie sein „Voyage dans les yeux" und „Les lignes de la main" bilden zum Glück nur vereinzelte Ausnahmen. Er ist Mystiker, um Dichter zu sein, nicht Dichter, um sich in visionärer Mystik zu verlieren. Nicht spekulativ-kritisch, sondern rein fühlend, gelegentlich sogar nur dunkel ahnend, tritt er an die Probleme der Weltbetrachtung heran. Nicht der Erkenntnisgehalt bestimmt den Wert der Gedanken, sondern der Lebenswert, der Beitrag, den sie zur Herstellung seelischer Harmonie und zur Gewinnung inneren Glücks zu leisten vermögen. Das Denken ist ihm nur eine der zahlreichen Erscheinungsformen des Lebensproblems, ein dem Menschen von der Natur dargebotenes Mittel, das Leben durch das Denken zu heben. Nicht von dem Geist, sondern von der Seele des Menschen erwartet er alles Heil auf Erden. In der steten Erneuerung unseres Innenlebens liegen die wahren Wurzeln unserer Größe. Ganz Seele zu werden und edle Menschlichkeit zu üben ist der Zweck unseres irdischen Daseins. Von sich selbst hat der Mensch möglichst viel, von anderen möglichst wenig zu erhoffen. Das ist der Kern seiner Lebensphilosophie. In ihr liegt zugleich die letzte Ursache seiner weltabgeschiedenen allein dem Seelischen zugekehrten Träumerei. Den Dualismus zwischen Sichtbarem und Unsichtbarem fasst Rodenbach in seiner Weise auf. Er sieht in ihm nicht den unüberbrückbaren Gegensatz zwischen zwei getrennten, sich widerstrebenden Welten; seinem Auge, das alles nur durch den Menschen und in dem Menschen schaut, stellen sich die äußeren Dinge im letzten Grunde allein als Abbild inneren Lebens dar, als die Form, in der das Seelische sichtbar zum Ausdruck gelangt. Die Versenkung in die Dinge der Außenwelt wird für ihn zu dem Mittel, den zwischen Körperlichem und Seelischem waltenden Dualismus zu überwinden und so zur Geschlossenheit seiner Weltbetrachtung vorzudringen, welche ihren Niederschlag in der Einheitlichkeit seiner die gesamte Erscheinungswelt umfassenden, melancholischen Grundstimmung gefunden hat.

Über diese Grundstimmung ist Rodenbach nicht mehr hinausgekommen. Zur Heiterkeit der Lebensauffassung eines Maeterlinck oder Verhaeren hat er sich nicht durchgerungen. Das Einzige, was seinen Blick in glückverheißende Fernen lenkte, war sein frommer christlicher Glaube. Ein jäher Tod hat ihn weiterem Schaffen entrissen. Ein Leiden, das schon früh in vereinzelten Anzeichen zutage getreten war und seit seiner Übersiedlung nach Paris in immer erhöhtem Maße seine Lebenskraft untergraben hatte, raffte ihn am 25. Dezember 1898 hinweg. Vielen seiner Freunde kam die Kunde von seinem Tode überraschend. In männlicher Selbstbeherrschung hatte es der Dichter verstanden, sein Leiden in seinem vollen Umfang vor anderen zu verbergen. Was die Welt erfahren durfte, sollte allein seine seelische Stimmung sein, geläutert durch den Adel der Gesinnung, durchglüht von christlicher Frömmigkeit, philosophisch verinnerlicht im Geiste der Mystik. Im Leben wie im Sterben stand ihm das Bild der Stadt vor der Seele, deren Dichter er gewesen, das Bild des in stiller Ergebenheit in sein Schicksal zur Ruhe gebetteten Brügge.